Alex S. Rusch

NOCH ERFOLG- REICHER!

102 praktische und sofort umsetzbare Tipps

UEBERREUTER

Die Deutsche Bibliothek – CIP-Einheitsaufnahme

Rusch, Alex S.
Noch erfolgreicher : 102 praktische und sofort umsetzbare
Tipps. – Alex S. Rusch.
Wien/Frankfurt : Wirtschaftsverlag Ueberreuter, 2000
ISBN 3-7064-0729-9

Unsere Web-Adressen:
http://www.ueberreuter.at
http://www.ueberreuter.de

Web-Adresse des Autors:
http://www.alexrusch.com

S 0617   1   2   3   /   2002   2001   2000

Inhalt

Teil 2: Organisation und Management

Vorwort

Ein Mitglied unseres Vorstandes regte mich dazu an, Hörbücher nicht nur zu verlegen, sondern einmal selbst ein Hörbuch zu schreiben. Zunächst zögerte ich. Doch dann überzeugte mich die Vorstellung, auf diese Weise komprimiert die Philosophie der Erfolgs-Bestseller des Rusch-Hörbuchprogramms und die Erfolgsphilosophie meines Verlages praxisnah vermitteln zu können. Und deshalb machte ich mich an die Verwirklichung und unternahm den ersten Schritt: Das war der Griff nach meinem Diktiergerät. Sie werden nach der Lektüre dieses Buches wissen, wie wichtig *der erste* Schritt überhaupt ist — wie wichtig es ist, dass Sie *handeln.*

Viele Kunden, Geschäftspartner, Freunde fragen mich immer wieder um Rat, weil sie meinen Beruf kennen und meine Erfolge sehen. Dabei fiel mir selbst auf, dass ich wiederholt ähnliche Ratschläge erteile – nicht aus Einfallslosigkeit, sondern ganz einfach, weil wir alle mehr oder weniger ähnliche Probleme haben. Ein Kassetten-Seminar ist deshalb ein guter Weg, viele Menschen zu beraten, ohne dabei selbst den ganzen Tag am Telefon verbringen zu müssen. Und nun wurde aufgrund des großen Erfolges meiner Hörbücher daraus ein Buch.

Ein weiterer Aspekt kommt noch hinzu: Wenn ich persönlich Tipps gebe oder eine Erfolgstechnik erkläre, dann vergisst mein Gegenüber vielleicht schon bald wieder, was ich gesagt habe. Das Wertvolle an einem Buch ist, dass man es sich immer wieder anschauen und dabei das Wissen besser einprägen kann. Auch ich werde von Zeit zu Zeit wieder in diesem Buch lesen, denn es passiert auch mir, dass ich hinsichtlich gewisser Erfolgstechniken wieder in die alte Routine zurückfalle.

Ein solches Manuskript entwickelt sich natürlich nicht von heute auf morgen, sondern entsteht über Monate hinweg. Ich zwinge mich niemals zu schreiben, sondern ich schreibe nur, wenn die Gedanken fließen, wenn ich etwas zu sagen habe, wenn meine Hände mit großer Geschwindigkeit wie von alleine in die Tastatur hämmern. Der Text muss sich entwickeln, er muss tief aus mir heraus kommen. Ich schreibe auch nicht Wort für Wort Texte aus Büchern oder Zeitschriften ab, sondern wenn ich Ihnen etwas mitteilen möchte, so tue ich das mit eigenen Worten, lediglich mit der Ausnahme von ganz bestimmten Zitaten.

Mit dem Thema Erfolg beschäftige ich mich Tag und Nacht, indem ich unzählige Bücher lese, mir viele Hörbücher anhöre, Erfolgszeitschriften lese, Seminare besuche, Telefongespräche führe und wichtige Menschen treffe. In den vergangenen Jahren habe ich mir einen Ordner angelegt mit vielen Notizen über Erfolgsprinzipien, die ich in Hörbüchern, in Büchern, in Seminaren und von Mentoren gelernt habe, aber vor allem über solche, die ich selbst entwickelt habe. Es hat mir sehr viel Spaß gemacht, auf der Grundlage dieser Vorarbeiten nun ein eigenes Buch zu schreiben. Es gab mir die Gelegenheit, mich selbst zu beobachten und meine eigenen Erfolgsfaktoren herauszufinden.

In diesem Buch möchte ich das weitergeben, was ich für besonders nützlich, hilfreich und wissenswert halte. Es sind Dinge, die Sie sofort in die Praxis umsetzen können und die Sie noch erfolgreicher machen werden. Sie erhalten von mir keine abstrakten Theorien, sondern leicht realisierbare Tipps und Anregungen. Alles, was Sie hier in diesem Buch lesen, wende ich selbst auch an. Einige Erfolgsprinzipien habe ich eigens entwickelt. Andere stammen von unzähligen Bestseller-Autoren, Unternehmern, Managern, Professoren und Consultants aus Amerika und Europa. Diese Menschen erwähne ich jeweils mit Namen.

Das Ziel dieses Buches ist es, Ihnen viele Impulse, viele Anregungen und viele Denkanstöße zu geben, die Sie sofort umsetzen können. Und dabei sollten Sie auch Spaß haben. Aber Vorsicht! Lesen allein genügt nicht – machen Sie sich sofort Notizen von all dem, was Sie für sich umsetzen und nutzen möchten.

Ich möchte auch noch erwähnen, dass es nichts gibt, was mir mehr Spaß macht, als diese Kassetten-Seminare bzw. dieses Buch zu schreiben. Und Sie kennen ja bestimmt das berühmte Zitat von Mark Twain: „Je mehr ein Mensch seinen Beruf liebt, desto mehr Geld wird er verdienen!" – Ein sehr wahres Zitat, das kann ich Ihnen bestätigen. Seit bei mir der Kampf ums Geld nicht mehr an erster Stelle steht, fließt es mir reichlich zu. Vorrangige Prioritäten haben heute für mich:

1. Befriedigung durch meine Arbeit,
2. der Wunsch, meinen Kunden, Kooperationspartnern und Mitarbeitern einen großen Nutzen zu bieten,
3. der Stolz auf meine unternehmerischen Leistungen und
4. jeden Tag viel Spaß zu haben.

Ein weiteres Erfolgsprinzip steht für mich ganz im Vordergrund. Es lautet wie folgt: Je mehr Nutzen ich meinen Kunden biete, desto größer wird mein eigener Erfolg. Ich verspreche Ihnen schon jetzt, dass Sie auch von diesem Prinzip sehr reichlich profitieren werden.

Für dieses Buch habe ich den Titel *Noch erfolgreicher!* gewählt, weil die Mehrheit meiner Leser ja bereits erfolgreich ist. Diese Leser benötigen lediglich ein paar Anregungen, wie sie *noch erfolgreicher* werden können. Das Buch ist in vier Hauptteile aufgeteilt. In Teil 1 liegt der Schwerpunkt auf den Erfolgswerkzeugen und dem Erfolgs-Know-how. Teil 2 beschäftigt sich mit Organisation und Management. In Teil 3 liegt der Schwerpunkt auf Gesundheit und Wohlbefinden. Und in Teil 4 erhalten Sie schließlich jede Menge Kurztipps zur praktischen Anwendung.

Und nun wünsche ich Ihnen, dass Sie „noch erfolgreicher" werden!

Ihr Alex S. Rusch
www.alexrusch.com

P. S. Halten Sie auf den Seiten 217 und 218 schriftlich fest, welche Erfolgstipps Sie umsetzen möchten. Und haken Sie dann in den nächsten Wochen die umgesetzten Dinge ab.

Teil 1 Erfolgswerkzeuge und Know-how

Vorwort von Jürgen Höller

Als mich Alex S. Rusch darum bat, ein Vorwort für sein neues Hörbuch zu formulieren, stimmte ich dem gerne zu. Es ist schon einige Zeit her – der Rusch Verlag war erst kurz auf dem Markt für Hörbücher tätig –, als er in Kontakt mit mir trat. Bis zu diesem Zeitpunkt hatte er ausschließlich Millionen-Bestseller vertont, war jedoch von meinem Buch „Alles ist möglich", das zwar ein Bestseller wurde, aber eben kein Millionen-Bestseller, so begeistert, dass er es vertonen wollte. Ich stimmte dem freudig zu. Wir unterhielten uns damals über die Auflagenhöhe, und als er meinen eher enttäuschten Tonfall bemerkte, erklärte er mir, dass der Markt sich für Hörbücher erst langsam aufbaut und derzeit noch begrenzt sei.

Nun, mittlerweile sind ein paar Jahre vergangen, und der Markt für Hörbücher boomt. Immer mehr Menschen erkennen, welche großen Vorteile es bringt, dieses Medium für ihre persönliche Weiterbildung einzusetzen. Sicherlich haben dazu auch Trainer wie ich beigetragen, die ihren Seminarteilnehmern und Buchlesern immer wieder empfehlen, Ihr Auto zur rollenden Universität umzufunktionieren: indem sie während des Autofahrens Hörbücher einlegen. Da der durchschnittliche berufstätige Erwachsene pro Tag fast eine Stunde in Fortbewegungsmitteln wie Auto, Bus oder Bahn verbringt, stellt dies eine hervorragende Möglichkeit dar, ohne zusätzlichen Zeitaufwand an seiner eigenen, noch erfolgreicheren Zukunft zu arbeiten. Auch andere Leerzeiten, wie z. B. das Fitness-Training, das Joggen, das Liegen in der Badewanne, das Einkaufen im Supermarkt und dergleichen mehr lassen sich auf diese Weise sinnvoll nutzen. Quasi „nebenbei" nimmt man neues Wissen auf, vertieft Vorhandenes und programmiert sich damit automatisch auf noch mehr Erfolg.

Diese Entwicklung im deutschsprachigen Raum hat maßgeblich der Verleger Alex S. Rusch vorangetrieben. Nachdem wir nun ein paar Jahre in einer positiven Geschäftsbeziehung stehen, habe ich allerhöchsten Respekt vor der Leistung, die er zuwege gebracht hat. Er hat immer an dieses Medium geglaubt, er ging als einer der Ersten das große Risiko ein, sich ganz auf diesen Bereich zu konzentrieren, und ist heute absoluter Marktführer. Ich selbst bin stolz darauf, dass meine Bestseller-Bücher beim Rusch Verlag vertont werden und dort zu den meistverkauften gehören. Ich bin überzeugt davon, dass Sie von seinem neuen Buch Noch erfolgreicher! *profitieren werden, denn wenn ein Mensch in kürzester Zeit ein so erfolgreiches Unternehmen aufbaut, wie das Herr Rusch mit seinem Rusch Verlag geschafft hat, dann werden seine Tipps, Empfehlungen und Strategien sicherlich auch Ihnen zu noch mehr Erfolg verhelfen.*

Jürgen Höller

www.juergenhoeller.com

Jürgen Höller ist einer der erfolgreichsten Motivations-Trainer Europas

Ihr Lebensmotto

Haben Sie sich schon einmal Gedanken darüber gemacht, was genau eigentlich Ihr Lebensmotto ist? Oder haben Sie es möglicherweise schon einmal zu Papier gebracht?

Vor einigen Monaten habe ich mein Lebensmotto schriftlich festgehalten. Ich tat dies im Anschluss an ein paar intensive Gespräche mit Ferris A. Bühler, einem guten Freund. Sie sind nun wahrscheinlich gespannt darauf, wie es lautet. Ich werde es Ihnen verraten, weil ich Sie als Leser dieses Buches als einen Freund oder eine Freundin betrachte. In meinem Zeitplanbuch befindet sich ein Blatt mit dem Titel: „Mein Lebensmotto" und darauf steht: *„An jedem einzelnen Tag möchte ich Spaß haben, neue Dinge lernen und auf meine großen Ziele hinarbeiten."* Ja, dies ist **mein Lebensmotto.**

Es war gut, dass ich es auf Papier niedergeschrieben habe, denn dieses Lebensmotto gibt mir eine bestimmte Richtlinie, nach der ich leben kann. Es sorgt dafür, dass ich auf dem richtigen Weg bleibe. Es bringt mich z. B. dazu, jeden Tag Aktivitäten einzubauen, die Spaß machen, Weiterbildungselemente (z. B. eine Kassette, ein Buch oder ein Telefonat) in meinen Tagesplan zu integrieren und an jedem einzelnen Tag Schritte zu unternehmen, die mich meinen großen Zielen näher bringen (mag dies nun durch das Schreiben von bestimmten Briefen, E-Mails, einem Konzept etc. oder die Erledigung von gewissen Anrufen geschehen).

Falls Sie noch kein Lebensmotto für sich ausgewählt haben, möchte ich Sie nun dazu anregen, sofort ein Ihren Wünschen und Zielen entsprechendes Leitmotiv zu entwickeln. Wichtig ist, dass Sie sofort tätig werden! Schreiben Sie *jetzt* ein paar Stichworte für Ihr Lebensmotto auf oder

Mein Lebensmotto

_____

_____

_____

_____

_____

_____

_____

_____

_____

_____

_____

besprechen Sie Ihr Diktiergerät. Setzen Sie sich nun das Ziel, es bis in einer Woche ausformuliert zu haben. Bis dann sollten Sie es ins Reine geschrieben haben und ständig bei sich tragen, ob dies nun in Ihrer Brieftasche, in Ihrem Zeitplanbuch oder Ihrer Hosentasche ist.

Ein, zwei oder drei große Hauptziele

Neben Ihrem Lebensmotto brauchen Sie auch ein, zwei oder vielleicht drei große Hauptziele für Ihr Leben. Haben Sie diese schon festgelegt? Wenn ja – haben Sie es auch in schriftlicher Form getan? Wahrscheinlich gehören Sie zur großen Mehrheit, die das noch nicht gemacht hat. Wahrscheinlich gibt es nur einen Menschen unter tausend, der seine Hauptziele definiert und schriftlich festgelegt hat.

Sie fragen Sie nun vielleicht, warum denn solche Hauptziele so wichtig sind. Sie haben vielleicht Jahresziele lieber, weil es einfacher ist, diese festzulegen. Jahresziele sind selbstverständlich sehr wichtig. Ein Jahr ist jedoch relativ kurz, und somit können Sie sich auch nicht ganz so große Ziele setzen. Für viele ist es unrealistisch, ein Vermögen von einer Million Dollar in einem Jahr aufzubauen, aber in einem Zeitraum von fünf oder zehn Jahren wird es plötzlich machbar: Sie brauchen also große, langfristige Ziele.

Hinzu kommt noch das Gesetz der Konzentration. Wenn Sie ein, zwei oder drei Hauptziele haben, so können Sie Ihre ganze Kraft, Ausdauer, Kreativität, Beziehungen, Weiterbildungsmaßnahmen und dergleichen auf diese wenigen großen Hauptziele ausrichten. Mein großes Hauptziele motiviert mich täglich, treibt mich an, gibt mir Perspektiven und hilft mir, die kleinen Zwischenziele richtig zu setzen. Ich sehe mein Hauptziel ganz klar vor Augen. Ich weiß, dass es ein großes Ziel ist. Und ich weiß, dass ich täglich darauf hinarbeiten muss. Tausende von kleinen Entscheidungen muss ich fällen. Diese Entscheidungen müssen auf der gleichen Linie liegen wie mein Hauptziel. Ich will und darf mich nicht verzetteln. Mein Hauptziel gibt mir Kraft, Mut, Hoffnung und Vertrauen. Ich weiß genau, wohin ich will. Und ich muss Ihnen sagen, es macht Spaß. Es gibt mir ein Glücksgefühl, Begeisterung, eine unglaubliche Energie. Denn wichtig ist ja, wie Sie wissen, nicht nur das Erreichen des Ziels, sondern auch, dass wir uns auf dem Weg dorthin gut fühlen.

Aber denken Sie auch daran, dass Ihr Hauptziel sehr individuell sein kann und soll. Nicht jeder möchte ein großes Unternehmen besitzen. Für gewisse Menschen ist es ein Hauptziel, eine Frau und zwei glückliche Kinder zu haben. Für andere ist es das Hauptziel, zu den zehn beliebtesten Menschen des Dorfes zu gehören. Und dann gibt es Menschen, deren Hauptziel ist es, nur noch 20 Stunden pro Woche zu arbeiten und trotzdem so viel zu verdienen wie früher mit 50 Stunden, um dann Zeit zu haben für ein sehr erfüllendes Hobby. Egal, was Ihr Hauptziel oder Ihre Hauptziele sind, es müssen Ihre eigenen sein!

Habe ich Sie wieder einmal ein wenig angestoßen und zum Nachdenken gebracht? Gut! Nehmen Sie sich ruhig etwas Zeit, um herauszufinden, was Ihr Hauptziel ist, welches Ihre wichtigsten Lebenswünsche und -vorstellungen sind. Vielleicht gehen Sie auch mit einem Notizbuch und Ihrem Laptop in den Urlaub und denken zwei Wochen darüber nach. Es lohnt sich. Wenn Sie ein, zwei oder drei Hauptziele haben, die wirklich zu Ihnen passen, dann werden Sie bald zu den obersten 3 Prozent gehören. Viel Erfolg dabei!

Meine Hauptziele

_____

_____

_____

_____

_____

_____

_____

_____

_____

_____

_____

Kleinere und mittelgroße Ziele

Neben Ihrem Lebensmotto und Ihren wenigen Hauptzielen brauchen Sie aber auch viele kleinere und mittelgroße Ziele.

Sie haben sicherlich schon viele Male den Ratschlag gehört, sich Ziele zu setzen – kurzfristige, mittelfristige und langfristige Ziele. Aber die Frage ist: Tun Sie es? Wo befindet sich die Liste mit Ihren Zielen? Haben Sie sie hier? Oder zu Hause? Wahrscheinlich geht es Ihnen wie den meisten Menschen. Sie haben zwar schon in vielen Seminaren und Büchern davon gehört, sind aber nie dazu gekommen, sich konkrete Ziele zu setzen. Deshalb gehe ich in diesem Buch auch darauf ein. Das Zielsetzen ist nämlich ein verblüffend wirksames Erfolgsinstrument. Wenn Sie einmal Ihre Ziele aufgeschrieben haben, werden Sie erstaunt sein, wie viele dieser Ziele Sie nach einem Jahr erreicht haben. Selbst wenn Sie ein Ziel nicht ganz schaffen, sind Sie immer noch bedeutend weiter, als wenn Sie sich gar kein Ziel gesetzt hätten. Ob dies nun ein Umsatzziel, ein Freizeitziel, ein Weiterbildungsziel oder was auch immer ist – es ist ganz erstaunlich, was Sie mit klaren Zielsetzungen zustande bringen können!

Fünf Punkte sollten Sie beachten beim Zielsetzen:

1. Das Ziel muss erreichbar sein.
2. Es muss messbar sein.
3. Es muss schriftlich fixiert sein.
4. Es muss eine zeitliche Begrenzung beinhalten.
5. Sie brauchen eine Begründung, warum Sie das Ziel erreichen möchten.

Man könnte ein ganzes Buch alleine zum Thema „Ziele setzen" schreiben. Ich beschränke mich hier aber auf diese fünf wichtigen Punkte, die ich jetzt noch ganz kurz erläutern werde.

Das Ziel muss erreichbar sein. Es genügt also nicht, dass Sie sich zum Ziel setzen, Präsident der Vereinigten Staaten zu werden, – obwohl Sie nicht einmal amerikanischer Staatsbürger sind. Trotzdem sollte ein Ziel hoch sein. Hoch, aber doch erreichbar! Hier ist der falsche Ort, um bescheiden zu sein. Sie werden sehen, wie viel Energie und Ideen Ihnen ein hohes Ziel bringt. Sie nehmen plötzlich Gelegenheiten wahr, an denen Sie sonst vorbeigegangen wären.

Der nächste Punkt: *Messbarkeit.* Es genügt nicht, zum Ziel zu haben, „mehr Geld zu verdienen". Was heißt mehr Geld? 10 Dollar mehr? Ein messbares Ziel ist zum Beispiel ein Jahreseinkommen von 200.000 Dollar. Mit diesem messbaren Ziel vor Augen werden Sie neue Wege beschreiten. Vielleicht wird Ihnen dann klar, dass Sie Ihr Ziel in Ihrem jetzigen Beruf nicht erreichen können. Ein messbares Einkommensziel gab mir den Ansporn, schon sehr früh eine Firma zu gründen. Mir war bewusst geworden, dass man mit Anfang Zwanzig als Angestellter kein hohes Einkommen erzielen kann. Ohne ein Einkommensziel mit konkreten Zahlen hätte ich vielleicht noch zehn Jahre gewartet, bevor ich den Schritt in die Selbständigkeit gewagt hätte.

Nächster Punkt: *Das Ziel muss schriftlich fixiert sein.* Dies ist sehr wichtig! Nur so ist es ein konkretes und durchdachtes Ziel, das nicht so leicht umgestoßen werden kann. Und später fällt es Ihnen leichter, eine Erfolgskontrolle durchzuführen.

Ein weiterer Punkt ist das *Zeitlimit.* Es genügt nicht zu sagen: „Ich möchte ein 500.000-Dollar-Haus in Südkalifornien besitzen." Sie müssen auch sagen, wann. In zwei Jahren? In fünf? Oder erst in 30 Jahren? Nur durch ein Zeitlimit bekommen Sie genügend Ansporn. Nur so werden Sie kreativ, innovativ und aktiv.

Der letzte Punkt ist das *Warum*. In vielen Erfolgsbüchern und Seminaren wird dieser Punkt vergessen. Aber er ist wichtig. Wenn Sie sich im Klaren sind, warum Sie ein Ziel erreichen möchten, gibt Ihnen das viel mehr Entschlossenheit und Energie.

Als Beispiel eines der Ziele, die ich mir 1997 setzte: „Bis 1998 möchte ich erreicht haben, dass zehn meiner Hörbücher auf Büchern mit Millionen-Auflagen basieren. Grund: Dies sollte den Rusch Verlag zum bei Weitem bedeutendsten Hörbuch-Verlag für die Themenbereiche Management, Verkauf und Lebenserfolg im deutschen Sprachraum machen." Dieses Ziel war erreichbar (wird hatten damals bereits acht Millionen-Bestseller im Programm), es war messbar (zehn Millionen-Bestseller), ich hatte das Ziel aufgeschrieben, Zeitlimit war 1998, und Grundanliegen waren die Bedeutung und das Ansehen des Verlages. Übrigens – bereits Mitte 1998 waren es 12 Millionen-Bestseller. Ich habe also das Ziel nicht nur erreicht, sondern sogar übertroffen.

Meine Jahresziele setze ich jeweils in den letzten zwei Dezember-Wochen. Zehn Tage lang arbeite ich jeweils zwischendurch daran. Bis Silvester sind dann alle Ziele mit dem Computer zu Papier gebracht, auf einem einzigen DIN-A4-Blatt. Dies tue ich nun schon seit meinem 17. Lebensjahr. Es hat sich bewährt. Ich bin auch froh, dass ich schon so früh damit angefangen und es mir zur Gewohnheit gemacht habe. Trotzdem: es ist nie zu spät, anzufangen!

Wenn Sie sich noch keine Ziele gesetzt haben, dann beginnen Sie **jetzt**! Es bringt Sie einen großen Schritt vorwärts.

Meine Jahresziele

_____

_____

_____

_____

_____

_____

_____

_____

_____

_____

_____

Leitbild oder Mission Statement

Jetzt haben Sie ein Lebensmotto, ein bis drei Hauptziele und dann noch viele kleine und mittelgroße Ziele. Was Sie jetzt noch brauchen, ist ein sogenanntes Leitbild oder Mission Statement. Die meisten größeren Firmen haben so etwas, aber leider nur sehr wenige private Personen, weil uns dies weder in der Grundschule noch an der Uni beigebracht wird.

In Ihrem Mission Statement halten Sie Ihre persönlichen Werte schriftlich fest. Dabei sollten Sie eine übersichtliche Struktur festlegen, ähnlich wie es Firmen tun. In meinem eigenen Mission Statement gibt es eine Unterteilung in 8 Hauptpunkte, nämlich:

1. Weiterbildung
2. Spitzenleistungen
3. Spaß und Entspannung
4. Finanzen
5. Gesundheit
6. Aussehen
7. Business
8. Umfeld.

Dies soll Ihnen als Anregung und Ausgangsbasis dienen. Sie sollten diese 8 Punkte aber nicht einfach übernehmen, sondern Ihre eigene Unterteilung entwickeln! Ich habe mich dagegen entschieden, Ihnen als Muster zu präsentieren, was in meinem Mission Statement steht, denn hier geht es um *Sie*, um *Ihr* Mission Statement. Ich möchte Ihre Kreativität nicht einschränken mit zu konkreten Beispielen. Sie sollen sich selber Gedanken machen über Ihr Leben, Ihre Werte. Schreiben Sie Ihr eigenes Mission Statement!

Öfters werde ich von Kunden, die ich berate, gefragt, ob ich ihnen nicht zumindest ein paar Anregungen geben könnte, was sie unter den verschiedenen Punkten festhalten sollen. Deshalb gebe ich Ihnen nun einmal alle acht Punkte meines Mission Statements bekannt und sage Ihnen, was Sie unter den einzelnen Punkten entscheiden und festhalten könnten. Aber wie gesagt, dies sind *meine eigenen* acht Punkte. Ich habe diese nicht aus einem Buch übernommen, sondern selbst festgelegt – entscheiden auch Sie sich für *Ihre eigenen* Punkte!

Zunächst noch ein paar Worte zum Mission Statement. Hierin geht es also um unsere persönliche Werteskala und nicht um unsere Ziele. Daher soll das Mission Statement generell gehalten werden – und auch beinahe zeitlos. Sie können natürlich schon von Zeit und Zeit den einen oder anderen Punkt abändern, da Sie sich als Person ja auch weiterentwickeln, aber im Großen und Ganzen soll Ihr Mission Statement ein Leben lang Gültigkeit behalten.

Beginnen wir nun mit den Anregungen für die Inhalte.

Punkt 1: Weiterbildung

Hier halten Sie fest, welchen Stellenwert Weiterbildung für Sie hat. Sie schreiben hier vielleicht auf, dass Sie sich jedes Jahr zahlreiche Hörbücher anhören, Bücher lesen und Seminare besuchen wollen. Wenn Sie das hier festhalten, bleibt Ihr Lebensschiff auf Erfolgskurs. Sie werden immer wieder daran erinnert, regelmäßig etwas für Ihre Weiterbildung zu tun.

Punkt 2: Spitzenleistungen

Hier halten Sie fest, welche Qualitätsstandards Sie sich für Ihre Person und Ihre Arbeit setzen. Sie können z. B. schreiben, dass Sie immer Ihr Bestes geben, dass Sie sich den Ruf schaffen, zuverlässig zu sein, dass Sie immer sorgfältig und effizient arbeiten.

Punkt 3: Spaß und Entspannung

Diesen Punkt habe ich geschaffen, um mich daran zu erinnern, dass das Leben nicht nur aus harter Arbeit und Entbehrung besteht. Hier können Sie z. B. festhalten, dass Sie das Nötige unternehmen, um jeden Tag Ihres Leben zu genießen.

Punkt 4: Finanzen

Hier halten Sie fest, was für einen Stellenwert Geld in Ihrem Leben hat und wie Sie es einsetzen. Beispiel: Sie erbringen Ihrem Arbeitgeber oder Ihren Kunden großen Nutzen, der sich kurz- oder mittelfristig durch ein hohes Einkommen auswirkt. Unter diesem Punkt halten Sie z. B. auch fest, wie viel Prozent Ihres Einkommens Sie mindestens jeden Monat als Altersvorsorge und als Sicherheitspolster auf die Seite legen wollen. Und wie viel Geld Sie für wohltätige Zwecke einsetzen. Es geht hier nicht um konkrete Zahlen, sondern eher um generelle Richtlinien für Ihr Leben.

Punkt 5: Gesundheit

Hier halten Sie fest, wie oft in der Woche Sie Sport treiben, wie viele Stunden pro Nacht Sie mindestens schlafen, wie gesund Sie sich ernähren möchten, wie oft Sie zu einem Check-up zum Zahnarzt und zum Hausarzt gehen, wie Sie mit Stress umgehen, ob Sie positiv über sich selbst sprechen und denken.

Punkt 6: Aussehen

Unter diesem Punkt halten Sie fest, wie oft Sie zum Friseur gehen (also z. B. einmal pro Monat), ob Sie sich generell schön kleiden, ob Sie jeden Tag frische Kleidung anziehen, wie es mit Körperpflege aussieht.

Punkt 7: Business

Hier halten Sie fest, wie Sie sich im Wirtschaftsleben verhalten möchten. Unter diesem Punkt könnte z. B. stehen, dass Sie sich überdurchschnittlich einsetzen und somit ein begehrter Arbeitnehmer oder Geschäftspartner sind. Sie könnten hier auch schreiben, dass Sie sich einen guten Ruf aufbauen und diesen kultivieren wollen, dass Sie immer Ausschau halten nach guten neuen Ideen, dass Sie schnell handeln, dass Sie verschiedene Braintrusts gründen.

Punkt 8: Umfeld

Hier legen Sie fest, welche Art von Menschen Sie gern in Ihrer Umgebung haben möchten, also z. B. Menschen mit einer positiven Geisteshaltung, die nicht nur reden, sondern handeln. Hier können Sie auch festhalten, dass Sie die Menschen in Ihrem Umfeld mit Ihrer Anwesenheit glücklich machen wollen. Oder dass Sie mit Ihren guten Freunden regelmäßigen Kontakt pflegen.

Ich hoffe, mit diesen Beispielen ist es mir gelungen, bei Ihnen „den Stein ins Rollen" zu bringen. Beginnen Sie einfach einmal damit: Am besten erstellen Sie eine Seite in Ihrem Computer und entwickeln Sie diese Seite in den nächsten Tagen und Wochen weiter.

Notizen zu meinem Mission Statement

_____

_____

_____

_____

_____

_____

_____

_____

_____

_____

_____

Ziel-Collagen

In diesem Abschnitt werde ich Ihnen so genannte Ziel-Collagen näher bringen – ein weiteres sehr wirkungsvolles Hilfsmittel für Ihren Lebenserfolg.

Dieses hervorragende Erfolgswerkzeug wende ich persönlich erst seit kurzer Zeit an, obwohl auch ich zuvor schon öfters davon gehört hatte. Den Ansporn dazu bekam ich, als ich im Tonstudio die Regie für die deutsche Version des Hörbuchs „Chicken Soup for the Soul" führte. In diesem aus 87 aufbauenden Geschichten bestehenden Hörbuch gab es eine Story, die mich zutiefst berührte. Eine wahre Geschichte einer Amerikanerin, Glena Salsbury, die im Anschluss an einen Vortrag damit begann, alte Zeitschriften zu zerschneiden und Bilder zu sammeln, die darstellten, „was ihr Herz sich wünschte". Sie klebte sie in ein teures Fotoalbum und wartete gespannt auf die Erfüllung der folgenden Wünsche:

1. ein gutaussehender Mann
2. eine Frau in einem Brautkleid und einen Mann in einem Smoking
3. Blumenbuketts
4. schöner Diamantschmuck
5. eine Insel in der funkelnden blauen Karibik
6. ein schönes Heim
7. neue Möbel
8. eine Frau, die gerade Vizepräsidentin einer großen Gesellschaft geworden war (Glena Salsbury arbeitete damals – Ende der 70er-Jahre – für eine Firma, in der es keine Frauen in Spitzenpositionen gab, und sie wollte die erste Vizepräsidentin in dieser Firma sein)

Acht Wochen nachdem sie sich diese Collage erstellt hatte, sah sie auf der Autobahn ihren Traummann Jim in einem Cadillac (Punkt 1). Jim sah sie auch und fuhr ihr nach. Schliesslich heirateten sie nach rund zwei Jahren in Laguna Beach, Kalifornien, mit Brautkleid und Smoking (Punkt 2). Am Tag ihrer ersten Verabredung schickte er ihr ein Dutzend Rosen und danach jeden Montag eine langstielige Rose mit einem Liebesbriefchen (Punkt 3). Dann erfuhr sie, dass es sein Hobby war, Diamanten zu sammeln und dass er auf der Suche nach jemandem war, den er damit schmücken konnte (Punkt 4). Drei Monate vor der Hochzeit kündigte Jim an, er hätte den perfekten Ort für die Hochzeitsreise gefunden, die St.-John's-Insel in der Karibik (Punkt 5), obwohl er bis dahin immer noch nichts von ihrer Ziel-Collage wusste. Ein Jahr nach der Hochzeit zogen die beiden in ein schönes Haus (Punkt 6) und richteten es mit schönen Möbeln ein (Punkt 7). Auch Punkt 8 wurde erfüllt – bereits acht Monate nachdem sie sich ihr Traumbuch gestaltet hatte, wurde sie Vizepräsidentin für das Ressort Personalkapazität in der Firma, in der sie arbeitete.

Diese wahre, bildhafte Geschichte gab mir dann den Anstoß, endlich einmal eine vollständige Ziel-Collage zu erstellen. Da ich es mir zu Gewohnheit gemacht habe, bei guten Impulsen immer sofort zu handeln, machte ich am gleichen Tag den ersten Schritt. Zu Hause angekommen, zeichnete ich auf DIN A3-Blatt ein paar Dinge, schrieb ein paar Stichworte daneben und machte ein Viereck um jedes dieser Ziele. Dies war schon einmal ein guter Startpunkt.

Nachdem ich diesen Grundstein gelegt hatte, unternehme ich nun gezielt Anstrengungen, diese Ziel-Collage ständig zu optimieren.

Dabei gehe ich wie folgt vor:

1. Ich habe jeweils einen kleinen Fotoapparat dabei und fotografiere Dinge, die ich mir für die Zukunft wünsche.
2. Ich halte in Zeitschriften Ausschau nach Fotos und Illustrationen für meine Ziel-Collage.
3. Ich beauftrage gelegentlich einen Illustrator, ein bestimmtes Bild anzufertigen.
4. Ich zeichne eigene Bilder.
5. Ich schreibe eigene kleine Zieltexte.

Anstelle eines DIN A3-Blattes können Sie auch ein Heft einsetzen, was es Ihnen ermöglicht, für jedes Ziel eine Seite einzusetzen. Dem „Sprenge Deine Grenzen-Erfolgspaket" von Jürgen Höller liegt übrigens auch ein Collagen-Heft bei, weil er wollte, dass seine Seminarteilnehmer ohne große Hindernisse sofort mit ihrer Ziel-Collage beginnen können.

In Ihrer Ziel-Collage sollte das enthalten sein, was Sie sich für Ihr Leben wünschen. Dabei setzen Sie die Schwerpunkte selber. Im Vordergrund stehen Ihre mittel- und langfristigen Ziele. Hier ein paar Anregungen:

Ihr Traumhaus, Ihr/e Traum-Lebenspartner/in, Ihr Kontoauszug der Zukunft, das Gebäude Ihrer Firma, Ihr schlanker, athletischer Körper (z. B. ein Fotomodell-Körperfoto mit Ihrem Passfoto-Kopf), Ihr Zweithaus, ein bestimmtes Diplom, ein bestimmter Beruf (z. B. Foto von Arbeitshilfswerkzeug), Ihr Traumauto, eine Familie, ein nach Ihnen benanntes Gebäude, ein Ferienparadies ...

Vielleicht ist für Sie ein Auto nur ein Fortbewegungsmittel ohne speziellen Reiz – dann lassen Sie es in Ihrer Ziel-Collage auch weg und nehmen etwas, was Ihnen wichtiger ist. Dies ist *Ihre* Collage und *Ihr* Leben.

Mittels einer Ziel-Collage können wir uns unsere Ziele in unserem Geist viel besser vorstellen. Sie setzt Kreativität, Motivation und Ausdauer in uns frei. Und sie hält uns auf Kurs auf dem langen Weg zu unserem Ziel. Nicht nur das; wir nehmen dank der Ziel-Collage plötzlich Gelegenheiten wahr, die wir ansonsten übersehen hätten. Selbst wenn Sie bereits schriftliche Jahresziele, ein Lebensmotto und ein Leitbild haben, so sollten Sie als starke Unterstützung dazu auch eine Ziel-Collage erstellen.

Sich aber nur eine wunderschöne Ziel-Collage zu erstellen, ist nur die halbe Miete! Die Ziel-Collage nützt Ihnen wenig, wenn sie sich in der Schublade befindet und Sie sie nur alle drei Monate einmal anschauen. Um das Erfolgsgesetz der Ziel-Collage richtig nutzen zu können, sollten Sie sich Ihre Collage jeden Abend kurz vor dem Einschlafen anschauen. Machen Sie sich dies zum Ritual, wie Zähneputzen oder den Wecker stellen. Kurz vor dem Lichtlöschen schauen Sie sich Ihre Ziel-Collage an und prägen sich Ihre Wunschbilder ein. – Probieren Sie es aus! Tun Sie es die nächsten 30 Tage und sehen Sie, was passiert!

Lebensalbum

Die nächste Anregung geht in einen ähnlichen Bereich, ist aber vergangenheitsbezogen. Es geht um das Lebensalbum. Um bewusster und intensiver zu leben, ist ein Lebensalbum ein schönes Instrument, das ich Ihnen ans Herz legen möchte. In dieses Lebensalbum kleben Sie einerseits wichtige Fotos von besonderen Menschen und Situationen. Andererseits kleben Sie andere Erinnerungs-Elemente ein, wie z. B. Tickets von Veranstaltungen, die Ihnen besonders viel bedeutet haben, Zeitungsausschnitte, Briefe usw. Sie schreiben aber auch besondere Erfolgserlebnisse in Ihrem Lebensalbum auf. Und vielleicht lassen Sie auch Freunde, die Ihnen viel bedeuten, ein paar Sätze hineinschreiben. Es geht hier also nicht um ein gewöhnliches Fotoalbum, sondern um Ihr persönliches, privates Lebensalbum. In dieses sollte niemand Einsicht erhalten außer vielleicht Ihr allerbester Freund oder Ihre allerbeste Freundin. Für Ihr Lebensalbum sollten Sie sich pro Woche bis zu 60 Minuten Zeit nehmen. Glauben Sie mir, es wird für Sie eine Bereicherung, ein Spaß, ein Genuss sein. Aber, wie immer: Aller Anfang ist schwer.

Der erste Schritt besteht darin, sich ein Album zu kaufen. Am besten ein wirklich großes und dickes Album. Sollten Sie diesen Vorschlag in Ihrem Leben umsetzen wollen, dann schreiben Sie jetzt in Ihr Zeitplanbuch oder auf Ihre Einkaufsliste „Album kaufen"!

Sind Sie einmal etwas niedergeschlagen, dann blättern Sie ein bisschen in Ihrem Erfolgsalbum. Das wird Sie aufheitern und wieder auf Erfolg einstimmen. Es wird Ihnen vor Augen führen, dass alles machbar ist. Zu leicht vergessen wir im Alltag, welche Herausforderungen wir in der Vergangenheit schon erfolgreich gemeistert haben. Wir müssen uns bewusst diese Erfolge vergegenwärtigen.

Standard-Braintrusts und Power-Braintrusts

Diese Erfolgsinstrumente werden besonders stark zu Ihrem beruflichen und auch privaten Erfolg beitragen, sofern Sie sie konsequent einsetzen.

In den meisten Team-Situationen bedeutet 1 + 1 = 1,4 – was Sie mir sicherlich auch bestätigen werden. Dies gilt sowohl im beruflichen als auch im privaten Bereich. Mit anderen Worten: Zwei Personen im Team bringen meist weit weniger zustande als zwei einzelne Personen. Es gibt aber auch die Konstellation, bei der 1 + 1 = 11 ergibt, wie der Millionen-Bestseller-Autor Mark Victor Hansen es ausdrückt. Dies kommt zwar nur selten vor, aber ich werde Ihnen jetzt eine Methode vorstellen, mit der Sie solch eine Konstellation schaffen können. Ja! Eine enorm starke Erfolgsmethode, die ich ursprünglich von Napoleon Hill und auch von Mark Victor Hansen gelernt und etwas weiterentwickelt habe. Ich spreche hier von der Etablierung eines Braintrusts.

Ein Braintrust – auch „Bund kluger Köpfe", „Mastermind Alliance" oder „Dream Team" genannt – besteht, wenn sich zwei oder mehrere Personen freiwillig zusammenfinden, um gemeinsam ihre Energien, Fähigkeiten, Verbindungen, ihre Kreativität und ihr Fachwissen sowie alle anderen Ressourcen auf ein bestimmtes Ziel auszurichten. Wenn die richtigen Braintrust-Partner zusammenfinden – Partner, die gut harmonieren und sich optimal ergänzen –, erreichen sie gemeinsam weit mehr als einzeln. Sie generieren zusammen innovative Ideen, unterstützen sich intensiv, motivieren einander zu Spitzenresultaten und stärken das gegenseitige Selbstvertrauen. Bei einem optimalen Braintrust kommt dann wirklich die Formel 1 + 1 = 11 zum Tragen. Bedenken Sie also, wie viel mehr Sie in Ihrem Leben erreichen könnten – sowohl beruflich als auch privat – mit einem wirksamen Braintrust. Hierfür lohnt es sich, ein wenig Zeit und Energie zu investieren.

Vielleicht haben auch Sie schon etwas über dieses Thema gelesen, es aber dann doch nicht umgesetzt. Auch mir ging es so. Bevor Sie nun noch weitere Jahre Ihres Lebens verlieren, möchte ich Sie dazu animieren, sich etwas intensiver mit dieser Möglichkeit zu beschäftigen.

Es gibt im Grunde zwei Kategorien von Braintrusts, nämlich den Standard-Braintrust und den Power-Braintrust.

Im Standard-Braintrust sehen sich die Braintrust-Partner möglicherweise nur einmal im Monat oder gar nur einmal pro Jahr, oder vielleicht telefonieren sie nur ab und zu. Sie haben zwar gemeinsame Ziele, aber die Zusammenarbeit ist nicht ganz so intensiv. Im Power-Braintrust, wie ich ihn nenne, pflegen die Braintrust-Partner intensiven und vertrauensvollen Kontakt. Sie treffen sich mindestens einmal pro Woche für 60 bis 90 Minuten, um über ihre Projekte und Erfolge zu sprechen, sich gegenseitig anzuspornen, Komplimente und konstruktive Kritik auszutauschen, Brainstormings durchzuführen und Spaß zu haben.

Liebe Leserin, lieber Leser, wahrscheinlich sind Sie ganz unbewusst schon in viele Standard-Braintrusts integriert. Aber höchstwahrscheinlich haben Sie noch nie Power-Braintrusts etabliert, obwohl doch gerade diese am stärksten zu Ihrem Erfolg beitragen können. Deshalb möchte ich Ihnen diese Kategorie von Braintrust jetzt näher bringen und Sie dazu anspornen, aktiv solche Power-Braintrusts zu etablieren. In der Regel funktioniert ein Power-Braintrust mit zwei Personen am besten, da die Gespräche in diesem Fall offener und intensiver sind und das Vereinbaren von Terminen einfacher ist. Deshalb spreche ich hier jeweils von zwei Power-Braintrust-Partnern. Das Maximum liegt bei rund 6 Partnern je Power-Braintrust.

Vielleicht neigen Sie jetzt dazu, gleich mal Ihren Nachbarn zu fragen, weil es bequem ist, jemanden in unmittelbarer Nähe zu haben. Entfernung ist hier nicht entscheidend. Wichtig ist, dass Sie den bestmöglichen Braintrust-Partner finden – selbst, wenn dieser eine Stunde von Ihnen entfernt lebt. Entscheiden Sie sich für den Besten der Besten! Sie müssen auch Mut zeigen, diesen zu fragen. Das Schlimmste, was Ihnen passieren kann, wenn Sie einen Gewinner-Typ fragen, ob er oder sie Ihr Braintrust-Partner sein möchte, ist: ein Nein zu erhalten. Daran werden Sie nicht sterben. Im positiven Fall ist dann aber eine außergewöhnliche Person Ihr Braintrust-Partner! Fragen lohnt sich also allemal.

Sie fragen sich nun vielleicht, wie Sie genau vorgehen sollen, um einen optimalen Braintrust-Partner zu finden. Nun, schwierig ist hier nur der erste Schritt, damit meine ich, überhaupt zum Handeln zu kommen. Mein Tipp: Schreiben Sie gleich jetzt in Ihr Zeitplanbuch oder in Ihre Projekt-Liste, dass Sie einen starken Power-Braintrust-Partner suchen werden. Dies sollte eines Ihrer Jahresziele sein. Wenn das Ziel erst einmal auf Papier ist, dann ist die Chance größer, dass Sie es wirklich durchziehen werden.

Aber einfach ist es sicherlich nicht. Ich habe Jahre gebraucht, endlich einen wirklichen Power-Braintrust zu etablieren, weil ich einfach nie dazu kam und vielleicht auch etwas zu bequem war. Da ich weiß, wie schwierig es ist, habe ich für meine Kunden ein Braintrust-Arbeitsbuch entwickelt, welches mit dem Hörbuch „Die großen 13 Erfolgsgesetze" geliefert wird. Dieses Arbeitsbuch führt meine Kunden Schritt für Schritt zur Etablierung von Braintrusts.

Aber Sie können hierzu auch ein leeres Notizbuch nehmen und dann folgende Schritte durchführen.

1. Legen Sie fest, welches das Hauptziel ist, zu dessen Erreichung Sie einen Braintrust etablieren möchten.
2. Stellen Sie eine Liste möglicher Kandidaten auf.
3. Reduzieren Sie die Liste auf die allerbesten Kandidaten.
4. Durchleuchten Sie die einzelnen Kandidaten nach gewissen Kriterien.
5. Fragen Sie den besten Kandidaten der Endauswahl, ob er oder sie Teil Ihres Power-Braintrusts sein möchte, und zeigen Sie ihm oder ihr dabei die Vorteile auf.

Ein wichtiger Hinweis: Wählen Sie einen Braintrust-Partner, der höchstwahrscheinlich eine große Zukunft vor sich hat. Jemanden, an dessen Leben Sie teilhaben möchten, auch noch in drei Jahren. Jemanden, in dessen Gegenwart Sie sich vollkommen wohl fühlen. Und schließen Sie unbedingt negative Menschen aus. Es sollten, wie gesagt, jeweils zwei Personen sein; es könnten jedoch theoretisch auch mehrere Personen je Power-Braintrust sein. Aber möglicherweise wäre es am besten, stattdessen mehrere Zweier-Braintrusts zu etablieren. Wie viele Braintrusts Sie etablieren, hängt von Ihren Zielsetzungen, Ihrer Zeitverfügbarkeit und Auswahl an außergewöhnlich guten Braintrust-Partnern ab. Es gilt aber die Regel: „Qualität vor Quantität". Lieber einen wirklich starken Power-Braintrust als fünf mittelmäßige!

Drehen wir nun die Uhr ein paar Wochen vorwärts. Nehmen wir an, Sie haben Ihren Power-Braintrust-Partner gefunden. Wie läuft jetzt solch ein Meeting ab und in welcher Frequenz? Sie treffen sich mindestens einmal pro Woche für 60 bis 90 Minuten mit Ihrem Power-Braintrust-Partner. Einmal im Monat reicht keinesfalls! Napoleon Hill meinte sogar, man müsse sich zweimal pro Woche treffen. Geben Sie Ihrem Power-Braintrust in Ihrem Leben unbedingt oberste Priorität. Wichtig ist auch, dass Sie dort, wo Sie sich mit Ihrem Partner treffen, vollkommen ungestört sind und, dass niemand mithören kann. Ein Restaurant wäre hierfür also vollkommen ungeeignet.

Der Ablauf eines Power-Braintrust-Meetings könnte wie folgt aussehen:

- Zu Beginn des Meetings sprechen Sie und Ihr Partner von den Erfolgen und Highlights der letzten Woche, wobei Bescheidenheit vollkommen wegfallen muss, um die volle Wirkung zu erzielen.

- Dann machen Sie sich gegenseitig ehrliche Komplimente zu erfolgreichen Projekten, zum Aussehen, zu Besitztümern, zu Persönlichkeitsmerkmalen, usw.

- Der Kompliment-Sequenz folgt eine Sequenz mit konstruktiver Kritik, die weit unter die Oberfläche gehen soll, denn nur so können Sie und Ihr Partner Korrektur-Maßnahmen einleiten und sich verbessern.

- Im mittleren Teil des Meetings wird über diverse Themen gesprochen. Vorzugsweise legen Sie sich im Zeitplanbuch oder in einem Notizbuch eine Seite an, auf der Sie während der ganzen Woche Power-Braintrust-Gesprächspunkte, die Ihnen gerade einfallen, fortwährend notieren. Sie sprechen hier frei über alles, was Ihnen auf dem Herzen liegt.

- Im Brainstorming-Teil entwickeln Sie gemeinsam Ideen für bestimmte Projekte.

- Dann sprechen Sie über die verschiedenen Erfolgsstrategien, die sie anwenden, und tauschen Erfahrungen aus.

- Gegen den Schluss hin wird der Status bestehender Ziele überprüft und werden möglicherweise neue Ziele gesetzt.

- Zuletzt legen sie dann jeweils das Datum des nächsten Power-Braintrust-Meetings fest, welches in den nächsten sieben Tagen stattfinden soll.

Nach dem Power-Braintrust-Meeting sollte sich jeder Partner in einem Zustand des Wohlbefindens und der Harmonie befinden und ein beträchtlich höheres Selbstwertgefühl besitzen. Ziel des Meetings ist, dass das Leben jedes Partners bereichert wird und jeder zu größeren Erfolgen in sämtlichen Bereichen des Lebens angespornt wird.

Als Power-Braintrust-Partner erhalten Sie Komplimente, die Sie sonst nie hören würden. Ein normaler Freund würde sich unwohl fühlen, Ihnen solch starke Komplimente zu machen. Aber genau diese starken Komplimente, die Sie von Ihrem Power-Braintrust-Partner erhalten, bauen Sie auf, sie geben Ihnen Kraft, Mut, Motivation und Selbstvertrauen. Sie erfahren auf diese Weise plötzlich von Stärken und Fähigkeiten, von deren Existenz Sie gar nichts wussten. Ein Power-Braintrust ist also sehr viel stärker als eine normale, manchmal auch nur oberflächliche Freundschaft oder eine Ehe. Vor allem erhalten Sie in Ihrem Power-Braintrust ehrlich gemeinte Komplimente „ohne Hintergedanken".

Gleichzeitig erhalten Sie aber auch offene, konstruktive Kritik von Ihrem Power-Braintrust-Partner. Diese Kritik ist ebenso sehr wertvoll, weil sie Sie auf entscheidende Dinge aufmerksam macht. Dinge, die Ihnen sonst niemand sagen würde. Nur so können Sie Korrektur-Maßnahmen einleiten. Solche starke Kritik erhalten Sie ja sonst nie, meist nicht einmal von Ihrer Familie. Aber von Ihrem Power-

Braintrust-Partner eben schon. Und Sie haben in Ihrem Power-Braintrust-Partner einen Gesprächspartner, mit dem Sie gemeinsam Ideen entwickeln, große Ziele festlegen, über alles offen sprechen und sich gegenseitig zu noch besseren Resultaten und noch mehr Leistung herausfordern können.

Liebe Leserin, lieber Leser, um außergewöhnliche Erfolge zu erzielen, brauchen Sie einen Braintrust-Partner, der in Ihnen mehr sieht als Sie selbst. Sie brauchen jemanden, der Sie trainiert, unterstützt, motiviert und Sie anspornt, Ihre geplanten Maßnahmen auch tatsächlich durchzuführen. Und Ihr Braintrust-Partner braucht dies auch. Es ist ein Geben und ein Nehmen.

Jack Canfield und Mark Victor Hansen, die beiden Autoren des Millionen-Bestsellers *Chicken Soup for the Soul*, haben auch einen starken Braintrust. Dank diesem Braintrust ist ihnen gelungen, in der *Chicken Soup for the Soul*-Buchreihe, welche aus mehreren Dutzend Büchern besteht, bisher insgesamt 55 Millionen Exemplare zu verkaufen. Beide schreiben diesen Erfolg ihrem außergewöhnlich starken Braintrust zu. Über den Bucherfolg hinaus sind beide Inhaber mehrerer äußerst erfolgreicher Firmen. Gemeinsam legen die beiden jede Woche in ihrem Braintrust-Meeting viele große Ziele fest, entwickeln eine Unmenge von Ideen und Konzepten und verfolgen diese mit großer Energie und Ausdauer.

Mein Aufruf an Sie: Gründen auch Sie unverzüglich einen oder mehrere Power-Braintrusts! Machen Sie bereits heute den ersten Schritt, indem Sie mögliche Kandidaten aufschreiben. Viel Erfolg dabei!

Wer könnte mein Braintrust-Partner sein?

_____

_____

_____

_____

_____

_____

_____

_____

_____

_____

Mentoren

Was Sie vielleicht neben den eben beschriebenen Braintrust-Partnern brauchen, sind Mentoren. Ein Mentor ist jemand, der Erfahrung in einem bestimmten Bereich besitzt, der für Sie wichtig ist, und der bereit ist, dieses Wissen an Sie weiterzugeben. Wenn Sie einen oder mehrere wirklich gute Mentoren finden, so haben Sie einen sehr großen Konkurrenzvorteil. Sie erhalten auf diesem Wege Fachwissen, das Sie in Büchern oder Seminaren niemals finden würden. Nicht nur das, Sie erhalten auch Ansporn und konstruktive Kritik und haben jemanden, mit dem Sie wichtige Entscheidungen durchdiskutieren können.

Schon mit 20 Jahren, als ich in Amerika Mitglied der „Association of Collegiate Entrepreneurs" war, einer nationalen Vereinigung von Jungunternehmern im Alter von 16 bis 25 Jahren, hörte ich von diversen Referenten den Aufruf an uns junge Unternehmer, uns Mentoren zu suchen. Damals war ich noch nicht ganz der Erfolgsmensch, der ich jetzt bin, und zögerte es immer wieder hinaus. Schließlich bedarf es einiger Arbeit, einer gewissen Selbstsicherheit und einer großen Portion Mut, um auf wirklich gute Mentor-Kandidaten zuzugehen. Inzwischen habe ich mehrere hochkarätige Mentoren. Obwohl ich jetzt weit mehr Verantwortung trage und sehr viele Projekte gleichzeitig bearbeite, nehme ich mir die Zeit, außergewöhnlich gute Mentoren zu suchen, auf diese zuzugehen und sie als Mentoren zu gewinnen. Ich lasse mir das auch etwas kosten. Meist beraten mich die Mentoren zwar kostenlos im Sinne von Nachwuchsförderung und weil sie es genießen, von mir ehrlich bewundert zu werden. Aber ich muss mir mehrmals pro Jahr einige Tage frei nehmen, und zu gewissen Mentoren muss ich auch ein paar tausend Kilometer weit fliegen, um sie zu besuchen.

Einer meiner Mentoren ist der Gründer der größten Seminarfirma Amerikas. Es hat sich für mich voll und ganz gelohnt, dass ich vor ein paar Monaten nach Denver geflogen bin. Nicht nur die zwei Tage, die ich mit ihm und seiner Familie in seinem 5-Millionen-Dollar-Haus verbracht habe, waren sehr inspirierend. Der Besuch hat weit mehr bewirkt: Er eröffnete mir vollkommen neue Sichtweisen, so dass ich dann auch für meinen Verlag viel größere Ziele setzte und weitere Firmen gründete. Dies zeigt mal wieder, dass man nicht bequem sein darf. Und man darf auch nicht mit seiner Zeit und seinem Geld geizig sein. Es ist klar, dass ich pro Arbeitstag mehrere tausend Dollar verdienen kann, wenn ich arbeite. Wenn ich diese Zeit aber für Geschäftsreisen zu Mentoren einsetze, verdiene ich zwar an diesen Tagen nichts, werde aber in naher Zukunft weit mehr verdienen aufgrund des Ansporns und des Fachwissens, das ich von diesen erhalte. So sind diese paar Tage langfristig gesehen gut eingesetzt.

Um einen guten Mentor zu finden, gehen Sie wie folgt vor:

Der erste Schritt ist sicherlich, dass Sie es zu Ihrem Ziel machen, einen Mentor zu finden. Dies also schriftlich auf Ihrer Jahresziel-Liste festhalten.

Dann geht es darum herauszufinden, für welchen Bereich Sie einen Mentor suchen. Soll es ein Experte in Ihrer Branche sein oder jemand, der über gute Redefähigkeiten verfügt, oder jemand, der gut mit Zahlen umgehen kann, oder jemand, der Sie im Bereich Gesundheit coacht. Legen Sie genau fest, wofür Sie einen Mentor benötigen.

Schließlich schreiben Sie sich mögliche Kandidaten auf. Finden Sie ein paar Dinge über diese Menschen heraus.

Schreiben Sie ihnen dann einen Brief. Der schriftliche Weg ist der optimale Weg. In diesem Brief beschreiben Sie ausführlich, wer Sie sind und was Sie tun. Dann erläutern Sie, warum Sie diese Person als Mentor ausgewählt haben, was Sie erwarten und was Sie ihm oder ihr für Vorteile im Gegenzug bieten können. Dies müssen nicht nur finanzielle Anreize sein, sondern vielleicht auch die Befriedigung, Wissen weiterzugeben, oder andere Dinge. Seien Sie dabei kreativ. Sie könnten z. B. ein Produkt oder ein Gebäude nach ihm oder ihr benennen oder Aktien im Wert von 1 % Ihres Unternehmens anbieten. 7 bis 10 Tage nach Versand des Briefes rufen Sie an und versuchen, einen ersten Termin zu vereinbaren. Nach diesem ersten persönlichen Gespräch werden Sie dann schnell feststellen, ob die Chemie zwischen ihnen beiden stimmt.

Zum Abschluss dieses Teil möchte ich auch mal die Gegenseite anschauen. Mentor zu sein ist etwas sehr Schönes. Ich war auch Mentor von verschiedenen Menschen im Laufe der letzten Jahre und bin es auch jetzt noch bei einigen wenigen. Es ist angenehm, die Anerkennung und Bewunderung von seinem Schützling zu erhalten. Und es macht Spaß, jemanden bei der Entwicklung von seiner Person oder seiner Firma zu unterstützen und jeden Monat die Fortschritte, die er oder sie gemacht hat, zu sehen.

Ein Mentor zu sein oder einen Mentor zu haben – beides kann eine schöne Erfahrung sein, wenn die richtigen Partner aufeinandertreffen. Vielleicht konnte ich nun den einen oder anderen mit diesem Beitrag dazu animieren, Anstrengungen in diese Richtung zu unternehmen.

Wer könnte mein Mentor werden?

_____

_____

_____

_____

_____

_____

_____

_____

_____

_____

_____

_____

Freundschaften

Einer der Schätze unseres Lebens sind gute Freundschaften. Wir nehmen diese oftmals zu wenig ernst, vernachlässigen sie oder sind sehr oberflächlich im Umgang mit unseren Freunden. Oder wir kapseln uns ab und haben in unserem Leben nur „Bekannte", aber keine richtigen Freunde.

Analysieren Sie einmal kurz Ihr Leben. Überlegen Sie sich, wie viele wirkliche Freunde Sie haben. Also Freunde, auf die Sie zählen können. Freunde, die Sie aufbauen und zu großen Taten ermutigen. Freunde, die Ihnen Ihr Leben versüßen. Freundschaften entstehen nicht von allein! Sie müssen den Mut haben, auf Leute zuzugehen. Sie müssen eine bewusste Auswahl treffen, also entscheiden, wen Sie gerne um sich haben möchten. Und Sie müssen Zeit und Energie investieren. Aber es lohnt sich: Kein Geld der Welt kann eine harmonische, enge Freundschaft aufwiegen. Dies soll Ihnen hier nur als Denkanstoß dienen. Sie haben nur eine gewisse Anzahl an Stunden pro Monat. Investieren Sie einen Teil in das Kultivieren von ein paar wenigen guten Freundschaften. Sie brauchen nicht 50 enge Freunde, weil Sie gar keine Zeit hätten, alle diese Freundschaften zu kultivieren. Aber vielleicht ein halbes Dutzend gute Freunde und daneben noch viele „freundschaftliche Bekannte auf der ganzen Welt", die Sie eben nicht so intensiv pflegen können. Auch hier gilt der Grundsatz: Je mehr Sie geben, desto mehr bekommen Sie zurück, früher oder später. Ich habe schon viele Freunde aufgebaut und in Richtung Erfolg geführt. Und diese wiederum haben mir auch früher oder später viel gebracht, selbst wenn dies vielleicht nur in der Form eines kleinen Ansporns geschah, der aber viel bewirkt hat. Ein guter Freund, den ich zu seinem Traumjob geführt habe, hat mich schließlich dazu motiviert, den Schritt zu einer eigenen Firma zu wagen, obwohl ich damals überhaupt kein Geld besaß und erst Anfang 20 war. Aber wie Sie sehen, hat sich dieser Ansporn ausgezahlt. Wichtig im Leben ist, dass Sie sich generell mit Leuten umgeben, mit denen es Spaß macht, zusammenzusein – ob dies nun in Beruf oder Freizeit ist. Denn das Leben ist kurz!

In diesem Zusammenhang möchte ich Ihnen ein Zitat aus Amerika vorstellen: „It doesn't matter where you are. All that matters is who you are with." Auf Deutsch: „Es kommt nicht darauf an, wo Sie sind, sondern nur, mit wem Sie dort sind." Als ich Anfang 20 war, verbrachte ich sechs Wochen in Südfrankreich, wenige Kilometer von Monaco entfernt, in einer Schule, um mein Französisch zu vertiefen, insbesondere das Wirtschaftsfranzösisch. Es war wunderschön dort im Frühling. Die Studenten wohnten auf dem Schulgelände in kleinen Bungalows. Wir hatten Meersicht. Aber die Gebäude waren veraltet. Die Putzfrau investierte pro Tag rund eine Minute pro Zimmer, und deshalb war alles recht unsauber. Die Küche war schlecht. Man nahm sich, wie man es in Gefängnisfilmen sieht, einen Blechteller mit Unterteilungen. Dann stand man in einer Schlange, nahm etwas vom immer gleichen Vorspeisen-Buffet und ging dann zum warmen Kochtopf, wo ein Mann mit einem großen Löffel etwas Undefinierbares auf den Blechteller lud. Auch die Schule war nicht gut. Der einzige Fernseher war alt und zu klein, diente aber für Filmeabende mit bis zu 30 Teilnehmern. Und so weiter. Trotzdem denke ich immer wieder gerne an diese sechs Wochen zurück. Warum? Weil ich viel Spaß dort hatte aufgrund der Tatsache, dass es tolle Teilnehmer gab. Wir hatten viel zu lachen. Selbst jetzt bin ich noch mit einigen dieser Mitstudenten ab und zu in Kontakt. Und ich habe ein ganzes Fotoalbum mit Fotos.

Liebe Leserin, lieber Leser, Sie haben sicher auch Beispiele in Ihrem eigenen Leben, die diesen Punkt illustrieren. Es sind nicht immer nur die 5-Sterne-Hotels, die man in schönster Erinnerung hat. Man hat doch vorwiegend die Orte in Erinnerung, die man mit angenehmen, netten, liebenswerten Menschen besucht hat. Mit Menschen, mit denen man viel Spaß hatte.

Zum Abschluss dieses Teils sage ich nur noch: „Reach out." Oder in unserer Sprache: Gehen Sie auf Menschen zu und haben Sie Spaß!

Nicht reden, handeln!

Alles beginnt mit einer Idee. Wenn diese Idee aber dann nicht verwirklicht wird, stirbt sie. Entwickeln Sie deshalb die Gewohnheit, wirklich gute Ideen sofort in die Tat umzusetzen mit dem berühmten ersten Schritt. Ich gebe Ihnen wieder ein eigenes Beispiel, das dies veranschaulicht: In unserer Firma entwickelten wir in einem Brainstorming die Idee, man könnte ein Diplom herausgeben für intensive Hörbuch-Nutzer. Wir kamen alle zum Schluss, dass dies eine tolle Idee sei, die man unbedingt umsetzen sollte. Dies war also der Startpunkt. Wir gaben diesem Diplom den Namen „RUSCH-Audio-College-Diplom". Danach stellten wir ein schriftliches Konzept auf. Es sollte nicht nur ein normales Diplom mit der Unterschrift des Verlagsleiters sein, sondern es sollte ein Diplom sein, das einen Wert darstellt. Ein Diplom, das nicht einfach jeder bekommt, sondern nur diejenigen, die gewisse strenge Kriterien erfüllen und zudem eine schriftliche Prüfung bestehen. Wir fragten ein paar Star-Trainer aus der Seminarbranche an, ob sie bereit wären, Prüfungsfragen zu liefern und ihre Unterschrift auf das Diplom zu setzen. Alle sagten zu. Dies alles haben wir in einem Zeitraum von rund einem Monat auf die Beine gestellt. Und schon konnten wir eine Ankündigung in unserem Katalog auf einer ganzen Seite machen und es auch in den Medien mitteilen. Danach ging es nur noch darum, die Prüfungsfragen der Star-Trainer zu sammeln, zu bearbeiten und zu einer Prüfung zusammenzustellen. Gleichzeitig musste noch das Diplom gedruckt und von den Star-Trainern unterschrieben werden.

Ich führe Ihnen dieses Beispiel vor Augen, um aufzuzeigen, wie wichtig es ist, sofort zu handeln, wenn eine gute Idee entwickelt wird. Die Gefahr ist nämlich groß, dass man einfach nichts tut, weil man meint, man sei überlastet und hätte keine Zeit. Viele großartige Projekte versanden, nur weil die Verantwortlichen nicht entschlossen handeln und entscheiden, was wichtig ist und was nicht. Für uns war klar, dass dies ein sehr wichtiges Projekt ist, das unseren Kunden einen großen Nutzen bietet und zudem den Ruf und den Wert unserer Firma erhöhen würde. Endlich haben unsere Kunden ein Dokument mit Unterschriften von mehreren berühmten Erfolgstrainern, das einem Personalchef aufzeigt, dass sie sich intensiv mit Hörbüchern weiterbilden. Dies war für uns ganz klar ein A-Projekt. Und schließlich sind wir ja auch darauf trainiert, schnell zu handeln und effizient Projekte durchzuziehen.

Reden tun viele, beispielsweise am Stammtisch, aber handeln tun nur die wirklichen Gewinner. Die gute Neuigkeit ist: Wir alle können uns trainieren, Gewinner zu werden. Dazu müssen wir einfach jeden Tag kleine Fortschritte in diese Richtung machen.

Im Englischen gibt es den Ausspruch „Get into action". Das heißt soviel wie: „Werden Sie aktiv!" oder „Legen Sie los!" Das Wichtigste überhaupt ist, dass Sie einmal anfangen mit der Verwirklichung Ihrer Vorhaben. Ob es nun darum geht, Ziele zu setzen, eine Firma zu gründen oder ein Konzept zu schreiben – wenn Sie einmal angefangen haben, eröffnen sich Ihnen viele neue Wege. Die Kugel muss einfach ins Rollen gebracht werden. Erste Erfolge führen zu weiteren Erfolgen. Erfolg zieht Erfolg an. So, wie auch Geld bekanntlich Geld anzieht.

Jürgen Höller sagt, dass man Erfolg wie folgt buchstabiert: T – U – N! In seinem Hörbuch „Alles ist möglich" heißt es: „Viele Menschen wünschen sich den Erfolg, sie beten und hoffen, aber sie sind nicht bereit, für ihren Erfolg etwas zu tun. Doch wer nichts tut, kann auch keinen Erfolg erwarten. Jede Wirkung (= Erfolg) muss verursacht (= durch Handeln) werden. Das Leben ist wie ein Wasserhahn, der geöffnet ist. Es ist alles im Überfluss da. Ständig fließt aus dem Hahn des Lebens der Erfolg. Es kommt nur darauf an, ob Sie eine Badewanne, einen Fingerhut oder gar nichts darunter halten." Ich finde, die Aussage bringt es genau auf den Punkt: Man kann nicht nur warten und hoffen, dass etwas Gutes passiert. Man muss auch etwas dafür tun, und zwar möglichst viel.

Hier noch ein hervorragendes Zitat, das ich einmal in einem Film gehört habe: „Wenn man's nicht probiert – wird man vom Rad des Schicksals fortgetragen. Und bevor es einem bewusst wird, ist der Zauber verflogen und der Augenblick entschwunden. Dann schleicht sich für den Rest des Lebens diese verpasste Chance in deine Gedanken und macht auch die schönsten Träume zunichte. Man quält sich mit dem, was hätte sein können." Diese etwas philosophischen Sätze gefallen mir. Man muss die Chance nutzen, wenn sie sich einem bietet. Schnell ist es zu spät. Nutzen kann man Chancen nur, wenn man handelt, selbst auf das Risiko hin, dass man versagt. Lieber versagen, als es überhaupt nicht zu probieren! Denn wenn man es nicht versucht, hat man auf jeden Fall versagt.

Ausdauer

Ein weiteres entscheidendes Element ist die Ausdauer. Ohne Ausdauer nützen Ihnen die besten Ziele und die besten Voraussetzungen nichts. Sie müssen immer mit Hindernissen und Problemen rechnen. Nur mit Ausdauer können Sie auf der steinigen Straße zum Erfolg vorwärts kommen.

Diejenigen, die mich gut kennen, wissen, dass ich sehr viel Ausdauer und Hartnäckigkeit besitze. Wenn ich von einem Vorhaben überzeugt bin, dann bleibe ich dran, egal was passiert. Ich weiß, dass mein Konzept gut ist und dass ich es schaffen werde, mein Ziel zu erreichen. So habe ich es auch gemacht, als ich meinen Verlag gründete. Die ersten Jahre waren sehr schwer. Aber ich blieb hartnäckig und tat, was nötig war, um meinen Verlag zu dem zu machen, was er heute ist.

Um Ausdauer einzusetzen, brauchen Sie natürlich klare Ziele und gut durchdachte Konzepte, die Sie dann umsetzen können. Es müssen Ziele sein, an die Sie hundertprozentig glauben. Wenn andere Menschen sehen, wie überzeugt Sie von Ihrer Sache sind und welche Ausdauer Sie zeigen, dann werden sie Ihnen früher oder später helfen.

Jetzt noch ein paar Worte zum Thema „Verzetteln". Man kann nicht in allem gut sein. Deshalb sollte man sich auf einige wenige Bereiche konzentrieren. Bei mir persönlich sind es zum Beispiel die Bereiche Management, Marketing und Direktmarketing. Diese Bereiche beherrsche ich in vieler Hinsicht. Es gibt genug andere Dinge, die ich kaum oder überhaupt nicht beherrsche, bei denen rede ich dann auch nicht mit. Hier nur ein paar Beispiele: Kartenspiele beherrsche ich nicht, ich kann nicht Fußball spielen, meine Geographiekenntnisse halten sich in Grenzen, ich habe alles vergessen, was ich in der Schule in Geometrie gelernt habe, und etliches mehr.

Was ich wirklich brauche, sind Kenntnisse in Marketing und Management, um auf meinem Gebiet erfolgreich zu sein. Genau diese Kenntnisse und Fähigkeiten besitze ich. Und ich erweitere sie täglich. Was nützen mir Kenntnisse von Malerei, Kricket oder Chemie, wenn ich ein Verlagsprodukt erfolgreich vermarkten muss? Warum soll ich von allem ein bisschen wissen, anstatt von ein paar Dingen viel? Deshalb ist der erste wichtige Punkt: festzustellen, welche Kenntnisse und Fähigkeiten Sie überhaupt benötigen, um Ihr Ziel zu erreichen. So habe ich es gemacht. Seit meinem 17. Lebensjahr habe ich meine Ausbildung maßgeschneidert, das heißt: so gut wie möglich meinen Zielen angepasst.

Eigenwerbung bzw. Selbst-Marketing

Eigenwerbung bzw. Selbst-Marketing ist sehr wichtig, wenn Sie erfolgreich werden möchten und es auch bleiben wollen. Seien Sie skeptisch gegenüber allgemeinen Weisheiten wie etwa: „Bescheidenheit ist eine Tugend". Ich möchte dieses Sprichwort wie folgt ergänzen: „Bescheidenheit ist eine Tugend, die oftmals den durchschlagenden Erfolg verhindert." Ein Schauspieler sagte mir einmal, er sei der Meinung, er müsse den Leuten nicht extra sagen, dass er gut sei. Wenn er gute Arbeit leiste, werden diese es doch von selbst merken. Interessant für mich war aber die Tatsache, dass genau dieser Schauspieler zu Hause telefonisch sehr gut erreichbar war, obwohl er ein guter Schauspieler ist. Mit anderen Worten, er wurde nicht von Aufträgen überhäuft. Warum wohl?

Leider ist es im wirklichen Leben so, dass jeder mit sich und seinen eigenen Problemen beschäftigt ist. Vielleicht merkt Ihr Kunde, Ihre Firma, Ihr Vorgesetzter oder Ihre Frau, dass Sie Überdurchschnittliches geleistet haben. *Vielleicht!* Aber die Wahrscheinlichkeit ist recht groß, dass Ihr Gegenüber dies *nicht* wahrnimmt. Oder erst nach sehr langer Zeit ... – Vielleicht sogar zu spät. Ist es Ihnen auch schon passiert, dass Sie erst nach Jahren erfuhren, dass einer Ihrer Freunde eine bestimmte Fähigkeit oder Gabe hat? Und wenn Sie als Freund es nicht wussten, dann wussten es sicherlich viele andere Leute ebenso wenig, darunter auch potentielle Auftraggeber oder Vorgesetzte.

Sie sollten es Ihren Mitmenschen leichter machen, Ihre positiven Eigenschaften und guten Leistungen zu erkennen. Wenn Sie Erfolg haben möchten, sowohl privat als auch geschäftlich, müssen Sie „Eigenwerbung" betreiben! Erzählen Sie Ihrem Kunden, was Sie Zusätzliches geschafft haben, zum Beispiel Leistungen, die von der Konkurrenz nicht erbracht werden. Oder in der Angestellten-Situation: Wenn Sie gestern bis 22 Uhr im Geschäft waren, dann lassen Sie dies Ihren Vorgesetzten direkt oder auch indirekt wissen. Sonst weiß er dies vielleicht gar nicht, und jemand anderer wird statt Ihrer befördert. Eigenwerbung oder Selbst-Marketing sollte Teil Ihres Erfolgs-Konzepts sein.

Wie kann ich Selbst-Marketing betreiben?

_____

_____

_____

_____

_____

_____

_____

_____

_____

_____

_____

Denken Sie immer daran, dass andere Menschen weder die Zeit noch die Geduld noch das Fachwissen haben, um bestimmte Einzelheiten zu bemerken, wenn Sie es ihnen nicht zeigen, direkt oder indirekt.

Halten Sie jetzt einmal inne und überlege Sie, wie Sie diesen Punkt in Ihrem Leben umsetzen können. Hier geht es um viel Geld! Ja, die Höhe Ihres Monatsgehalts oder -einkommens hängt davon ab!

Die positiven Dinge in Ihrem Leben

Meistens sind wir uns nur dessen bewusst, was wir *nicht* haben, und nicht dessen, was wir besitzen. Erst wenn wir es einmal nicht mehr haben, wird uns bewusst, was wir eigentlich vorher hatten. Ich schlage deshalb vor, dass wir den umgekehrten Weg beschreiten. Schreiben Sie auf, was für positive, gute Dinge Sie in Ihrem Leben haben. Woran können Sie sich erfreuen? An Ihrem Partner/Ihrer Partnerin? Bereiten Ihnen Ihre Kinder Freude? Haben Sie gute Freunde? Fühlen Sie sich gesund? Haben Sie ein gutes Gewissen? Was ist gut an Ihnen? Was sind Ihre Stärken? Ihre Vorteile? Was gefällt Ihnen an sich selbst? Was gefällt Ihnen an Ihrem Leben? Leben Sie in Wohlstand? Haben Sie ein hohes Einkommen? Einen interessanten Job? Eine schöne Wohnung, ein schönes Haus? Ein außergewöhnliches Auto? Ein aufregendes Hobby? Haben Sie schöne Reisen gemacht? Und so weiter. Bedenken Sie – uns in Mitteleuropa geht es sehr gut! Aber sind wir uns dessen täglich bewusst? Freuen wir uns darüber? Ich denke, die meisten Menschen nicht! Aber warum nicht?!

Nur darüber zu sprechen und daran zu denken nützt recht wenig. Man muss etwas tun, und zwar schriftlich. Deshalb bitte ich Sie jetzt, auf einer Liste die Plus-Punkte von Ihnen und Ihrem Umfeld aufzuschreiben. Sie werden sehen, es hat Ihnen Spaß gemacht, nicht wahr? Vielleicht kann Ihr Lebenspartner oder Ihre Lebenspartnerin noch helfen, diese Liste zu vervollständigen. Oder Ihr Braintrust-Partner.

Diese Übung können Sie auch noch einen Schritt weiterführen. Laden Sie Freunde ein, die sich auch gegenseitig kennen. Dann schreibt jeder die positiven Eigenschaften von einigen Gästen auf Zettel und kennzeichnet diese mit den jeweiligen Namen. Dann gibt man die Zettel den besagten Empfängern. Ein positives Erlebnis für alle Beteiligten! Es ist nun leider hierzulande einmal so, dass andere Menschen es uns selten sagen, wenn Sie etwas gut an uns finden. Deshalb ist diese Übung sehr wertvoll und angenehm. Vielleicht bei Ihrer nächsten Party ...? Schauen Sie sich dann Ihre Pluspunkte-Liste an und Sie werden sehen, dass es Ihnen doch schon heute enorm gut geht! Sie haben doch allen Grund, sich glücklich und zufrieden zu fühlen. Sie haben nicht nur genügend zu essen und zu trinken, ein Dach über dem Kopf und medizinische Versorgung, sondern Sie haben noch viele andere Dinge, die Ihr Leben angenehm machen.

Ich kann sagen: Ich bin glücklich! Ich wohne in einem schönen Haus im Grünen mit Seesicht und habe eine Arbeit, die mehr sehr viel Spaß macht und die mich herausfordert. Ich habe viele moderne Hilfsmittel, die meine Arbeit und mein Leben leichter machen. Jetzt, da ich mir dessen bewusst werde, freue ich mich auch wieder darüber. Was nützt Ihnen ein 100.000-Dollar-Auto, wenn Sie sich nicht mehr darüber freuen? Sie müssen sich Ihres Glückes wieder bewusst werden!

Die positiven Dinge in meinem Leben:

_____

_____

_____

_____

_____

_____

_____

_____

_____

_____

_____

Erfolgsfaktor Zuverlässigkeit

Es gibt einen wichtigen Schlüssel zum Erfolg, von dem Sie in Seminaren kaum je etwas hören: die Zuverlässigkeit. Wenn sich Ihre Geschäftspartner, Ihre Mitarbeiter, Ihre Freunde, Ihre Familie und Ihre Vereinsmitglieder hundertprozentig auf Sie verlassen können, stehen Sie im Leben ganz anders da. Chancen eröffnen sich Ihnen, die sonst nie in Erscheinung getreten wären. Jemand, der hundertprozentig zuverlässig ist, ist Gold wert. Und dieser kann auch einen höheren Lohn oder höhere Honorare verlangen. Man bezahlt gerne ein wenig mehr, wenn man dafür auf diese Person vollkommen zählen kann.

Aber ich spreche hier von hundertprozentiger Zuverlässigkeit! Damit meine ich wirklich:100 Prozent! Mit anderen Worten – wenn Sie sagen, dass Sie heute Nachmittag anrufen, dann rufen Sie entweder heute Nachmittag an oder senden zumindest ein E-Mail, um anzukündigen, dass es für Sie zeitlich nicht mehr möglich war. Oder wenn Sie sagen, dass Sie diese oder jene Sache erledigen werden, dann muss die andere Person wissen, dass Sie es auch tun werden. Man kann auf Sie zählen. Sie sind stabil wie eine Betonwand.

Mein konkreter Tipp lautet: Erarbeiten Sie sich einen Ruf der Zuverlässigkeit. Dann eröffnen sich Ihnen ungeahnte Möglichkeiten. Aber auch hier gilt: Sie können nicht Ihr ganzes Wesen an einem Tag ändern. Machen Sie kleine Schritte. Schreiben Sie sich jetzt auf eine Karte: „Ich bin bekannt für meine Zuverlässigkeit". Kleben Sie diese Karte neben Ihren Computer-Bildschirm und vielleicht eine weitere auf Ihr Telefon und eine dritte an Ihren Badezimmer-

Spiegel. Gehen Sie noch einen Schritt weiter und bitten Sie enge Freunde oder Mitglieder Ihres „Brain-Trusts", Sie auf Zuverlässigkeit zu trainieren.

Umberto Saxer, der Autor von „Bei Anruf Erfolg", sagte mir kürzlich, dass er spontan als erstes den Namen Alex Rusch erwähnen würde, wenn jemand ihn fragen würde, wer die zuverlässigste Person sei, die er kennt. Das war für mich ein großes Kompliment und zeigte mir eben auch, dass sich ausgezahlt hat, was ich vor mehreren Jahren gemacht habe. Ich habe nämlich damals in mein persönliches Leitbild, in mein Mission Statement, geschrieben, dass ich mir den Ruf eines Zuverlässigen schaffen möchte. Offensichtlich habe ich es geschafft. Und dies bringt viele Vorteile mit sich ...

Erfolgsfaktor Effizienz

In einer meiner Firmen musste ich selbst feststellen, dass es passieren kann, dass ein fleißiger, intelligenter, motivierter Mitarbeiter die nötigen Leistungen nicht erbringen konnte, nicht einmal mit Überstunden. Warum? Weil er schlicht und einfach nicht effizient arbeiten konnte. Das hat mir dann deutlich bewusst gemacht, dass „effizientes Arbeiten" weit wichtiger ist, als den ganzen Tag im Büro herumzuhetzen und sogar noch freiwillig Überstunden zu leisten. Ich kam zum Schluss, dass man bestimmte Dinge können und tun muss, um effizient zu sein.

Hier einige der wichtigsten:

■ Abläufe optimieren.
■ Sich nicht von Zeitdieben ablenken lassen.

- Die zu erledigenden Aufgaben nach Prioritäten ordnen.
- Sich möglichst nur auf die jeweils vorliegende Aufgabe zu konzentrieren und diese zu Ende führen.
- Sich Zeitziele setzen, und zwar schriftlich (zum Beispiel: Bis 15.00 Uhr will ich mit Projekt X fertig sein.).
- Ähnliche Aufgaben zusammenfassen und diese dann in einem Zug erledigen, wie z. B. E-Mails, Rückrufe, Buchhaltungsarbeiten und so weiter. Mein Pressechef hat sich zum Beispiel jeden Tag den Zeitraum von 10.00 Uhr bis 12.00 Uhr reserviert, um dann ausschließlich mit Journalisten zu telefonieren und sich während dieser Zeit durch nichts ablenken zu lassen.
- Die einzelnen Aufgaben mit einem Zeit-Budget versehen, je nach ihrer Wichtigkeit, da sich bekanntlich der Zeitaufwand endlos ausdehnen lässt (Beispiel: Für das Erstellen des Konzepts XY stelle ich mir vier Stunden zur Verfügung.).
- Genügend Pausen einlegen und sich Ausgleich verschaffen in der Freizeit, da man dann wieder viel mehr Energie und Gelassenheit besitzt.
- Genügend schlafen, gesund essen und mehrmals pro Woche Sport treiben.

Ich persönliche wähle Mitarbeiter, Geschäftspartner und Lieferanten vorzugsweise nach ihrer Effizienz aus. Wenn zum Beispiel ein Verkaufsmitarbeiter einer Druckerei effizient erscheint, dann gebe ich dieser Druckerei den Vorzug, sofern der Preis konkurrenzfähig ist. Denn ich gehe davon aus, dass auch alles optimal läuft, wenn solch ein Mann oder eine Frau dahinter steht.

Mit einem Ruf der Effizienz können Sie erfolgreicher und noch erfolgreicher werden.

Eine interessante Beobachtung: Wenn man es richtig macht, kann man in drei Arbeitstagen ohne Überstunden mehr leisten als früher in fünf Arbeitstagen mit vielen Überstunden. Wenn Sie Freiberufler oder Firmeninhaber sind, bedeutet dies, dass sie dann entweder bei gleichem Verdienst mehr Zeit für Ihre Familie und Ihre Hobbys haben oder dass Sie in der übrigen Zeit andere Projekte in Angriff nehmen können und ihr Einkommen somit möglicherweise verdoppeln. Für Angestellte hat Effizienz zur Folge, dass ihr Gehalt sich erhöht, ihre Attraktivität auf dem Arbeitsmarkt sich verbessert und ihre Position in der Firma weiter oben auf der Karriereleiter ist. Zu wissen, dass man effizient ist, gibt einem zudem ein Gefühl des Stolzes.

Aber Effizienz muss trainiert werden wie ein Muskel. Wenn Sie sich von nun an intensiver mit dem Thema Effizienz beschäftigen, sich selber kontrollieren und von engen Freunden und Mitarbeitern konstruktiv kontrollieren lassen, dann werden Sie jeden Tag ein wenig effizienter. Es beginnt alles mit der Entscheidung, effizienter sein zu wollen. Eines sollten Sie aber beachten: Sie können nicht effizient und gelassen gleichzeitig sein. Dafür gibt es meiner Meinung nach zwei unterschiedliche Zeiten. Sagen Sie sich zum Beispiel, dass Sie die nächsten zwei Stunden intensiv und ohne Ablenkung arbeiten werden. Danach kommen dann eine oder zwei Stunden der Lockerheit und Gelassenheit. In dieser Zeit erledigen Sie vielleicht ein paar Anrufe, sprechen mit Mitarbeitern oder machen Ähnliches. Der lockere Sunnyboy muss danach aber wieder von Zeit zu Zeit seine Lässigkeit ablegen und abermals ganz konzentriert an einem Projekt arbeiten. Aber: Es gibt so viele kleine und große Ablenkungen den ganzen Tag über! Es liegt an Ihnen, diesen Ablenkungen zu widerstehen. Übrigens, wenn Sie zielgerichtet und effizient arbeiten, merken die anderen dies an Ihrer Stimme und Ihrer Haltung und stören Sie dann auch viel weniger. Zeitdiebe entfernen sich aus Ihrem Leben.

Eine interessante Tatsache ist die folgende: In zwei Stunden intensiver, konzentrierter Arbeit können Sie weit mehr zustande bringen als an einem ganzen Tag voller Ablenkungen und Störungen durch Zeitdiebe. Seien Sie sich dieser Tatsache bewusst. Erfolg entsteht nicht durch Präsenz, er entsteht durch Leistungen und durch Resultate. Jemand, der mich gut kennt, sagte mir einmal, dass ich so viel arbeite wie vier Personen. Dies verblüffte mich zunächst etwas. Er rechnete es mir dann aber vor. Ich arbeite jede Woche mindestens 80 Stunden. Das ist schon zweimal so viel wie der durchschnittliche Arbeitnehmer. Zudem bringe ich pro Stunde mindestens doppelt so viel zustande, weil ich effizient, durchdacht, schnell und zielorientiert arbeite. Zwei mal zwei ergibt vier. In einem einzigen Jahr kann ich also so viel zustande bringen wie andere in vier Jahren. Lassen Sie dies einmal auf sich wirken, und überlegen Sie sich, wie Sie diese Erkenntnis in Ihr Leben umsetzen können. Wie viel schneller können Sie mit dieser Methode Ihre Ziele erreichen! Selbst wenn es nur Faktor zwei ist, können Sie doch doppelt soviel leisten wie Ihr Mitbewerber.

Es gibt ein paar grundlegende Dinge, die Sie tun können, um sofort effizienter zu werden.

1. Arbeiten Sie mehr als nur 35 Stunden pro Woche. Mit jeder einzelnen zusätzlichen Stunde vergrößert sich Ihr Vorsprung gegenüber Ihren Mitbewerbern. Auch bei einer 60-Stunden-Woche haben Sie übrigens immer noch sehr viel Freizeit – rechnen Sie es einmal aus.

2. Setzen Sie sich Beendigungs-Ziele für Ihre Projekte. Sagen Sie sich zum Beispiel, dass Sie bis 11.00 Uhr mit dem Angebot für Firma XY fertig sein möchten.

3. Arbeiten Sie so effizient wie irgend möglich. Überlegen Sie, wo Sie Zeit einsparen, Abläufe optimieren, Erledigungen delegieren können.

4. Arbeiten Sie schnell. Die meisten könnten Ihr Arbeitstempo mit etwas Willen und einigen Wochen Übung problemlos verdoppeln. Probieren Sie einmal ganz bewusst, so schnell zu arbeiten, wie am letzten Tag vor Ihrem Urlaub. Sie werden feststellen, dass Sie Ihren Output mit Leichtigkeit erhöhen können.

5. Gönnen Sie sich auch Pausen. Diese geben Ihnen dann wieder mehr Energie. In diese Kategorie gehören auch kurze Nickerchen, oder „nap", wie die Amerikaner sagen. – Und:

6. Setzen Sie sich große, langfristige Ziele, die Sie zu überdurchschnittlichen Leistungen anspornen.

Diese waren meine sechs Kurz-Tipps zu mehr Effizienz. Wenn Sie sie befolgen, ist das schon einmal ein guter Start. Hier noch ein anderer Aspekt. Vermeiden Sie es, nachts durchzuarbeiten. Sie kennen sicherlich auch Leute, die Ihnen erzählen, sie hätten nachts durchgearbeitet. Sie sagen uns dies dann jeweils voller Stolz und hoffen auf Bewunderung und Anerkennung.

Hier muss ich ganz deutlich sagen, dass ich dies in den meisten Fällen gar nicht bewundernswert finde.

Warum?

Ganz einfach:

1. Wahrscheinlich hatte diese Personen schon seit Wochen von dem Termin gewusst, die Arbeit aber dann trotzdem bis zum letzten Moment aufgeschoben. Diese Nachtschicht wäre also vielleicht überhaupt nicht nötig gewesen.

2. Möglicherweise hat diese Person auch die zur Verfügung stehende Zeit an den Tagen vor dem Endtermin nicht effizient genutzt und musste dies dann mit der Nachtschicht kompensieren.

Nachtschichten finde ich nur dann bewundernswert, wenn das Projekt wirklich sehr kurzfristig entstand und wenn es auch nicht möglich war, den Endtermin zu verschieben. Ich glaube auch, dass so jemand dann morgens um 04.00 Uhr auch nur noch zu einem Drittel produktiv ist im Vergleich zu einer normalen Arbeitszeit. Und am nächsten Tag war diese Person wohl auch kaum mehr einsatzfähig, sondern fühlte sich kaputt und übermüdet. Für mich persönlich habe ich eine Regel aufgestellt. Mein Ziel ist es, bis Mitternacht meine Tagesprojekte zu beenden. Dann gibt es noch eine Nachfrist bis 01.00 Uhr nachts. Und für Notfälle hänge ich manchmal noch eine halbe Stunde an. Länger als bis 1.30 Uhr arbeite ich also nie. Und dann schlafe ich mindestens 6 Stunden. Wenn ich um 1.30 Uhr sehe, dass ein sehr dringendes Projekt noch nicht fertig ist, gehe ich trotzdem ins Bett, stehe dann aber vielleicht eine Stunde früher auf. Dies bedeutet eben dann, dass ich nur auf 5 Stunden Schlaf komme. Für einmal ist dies in Ordnung. Ich würde behaupten, dass ich auf diese Weise etwa gleich produktiv bin wie die Person, die die ganze Nacht durcharbeitet. Nicht nur das – ich bin dann am nächsten Tag nicht halbtot, sondern normal leistungsfähig. Es kommt ja nicht darauf an, ob man 19 oder 24 Stunden arbeitet. Es kommt nur auf die Resultate an!

Eine meiner Regeln lautet: Jede Nacht muss ich mindestens fünf Stunden schlafen, egal was passiert. Ziel ist es aber, mindestens sechs Stunden zu schlafen, fünf ist einfach die unterste Grenze. Haben Sie für sich auch solche Richtlinien festgelegt? Wenn nein, dann machen Sie sich einmal ein paar Gedanken darüber. Wenn Sie nämlich für sich festgelegt haben, dass Sie mindestens sechs, sieben oder acht Stunden schlafen, dann können Sie alle Ihre Entscheidungen dementsprechend festlegen.

Jetzt möchte ich Sie noch auf zwei große Effizienz-Fallen aufmerksam machen:

Effizienz-Falle Nr. 1: E-Mails. Widerstehen Sie der Versuchung, jede Stunde Ihre E-Mails abzurufen. Dies ist zwar eine willkommene Abwechslung und entspricht unserem Spieltrieb, unterbricht jedoch unsere Arbeit, lenkt uns ab und kann sogar dazu führen, dass man sich plötzlich einem ganz anderen Projekt widmet. Wir haben bei uns im Verlag einen Internet-Raum, sodass jeder Mitarbeiter, der seine E-Mails abrufen oder senden möchten, sich dorthin bemühen muss. Alle anderen Computer haben keinen Internet-Zugang. Da überlegt man sich schon zweimal, ob man seine E-Mails schon wieder abrufen möchte!

Effizienz-Falle Nr. 2: Postbearbeitung. Wir alle lesen in der Regel gerne unsere Post, weil dies spannend ist. Aber auch diese Tätigkeit lenkt uns ab.

Hier meine Tipps:

■ Legen Sie eine bestimmte Zeit in Ihrem Tagesplan fest, in der Sie Ihre Post bearbeiten. Angenommen, Sie legen die Zeit auf 13.00 Uhr fest, dann widerstehen Sie bitte der Versuchung, es früher zu tun. Ich weiß, es macht Spaß, die Post zu lesen und dabei unsere Neugierde zu befriedigen. Aber es lenkt uns von unserer Hauptaufgabe ab.

■ Wenn Sie dann die Post bearbeiten, sollten Sie versuchen, die meisten Dokumente nur einmal in die Hand zu nehmen. Vieles darunter gehört ja ohnehin in den Papierkorb. Aber oftmals legen wir diese unwichtigen Dinge zur Seite, um Sie später zu studieren, anstatt Sie gleich ganz kurz anzuschauen und dann wegzuwerfen. Dieses überflüssige Zeug nimmt dann nur zusätzliche Zeit in Anspruch, wenn Sie die Post später nochmals durchgehen möchten. Entscheiden Sie sofort, was mit den einzelnen Sendungen zu tun ist. Und erledigen Sie die Dinge, die nur wenig Zeit in Anspruch nehmen, am besten sofort. Dann ist das vom Tisch.

Erfolgsfaktor Effektivität

Manche Leute umschreiben Effektivität wie folgt: „Mit kleinstmöglichem Aufwand die größtmöglichen Resultate erzielen." Effizient zu sein, ist eine Sache. Was jedoch weit entscheidender ist, ist effektiv zu sein. Also nicht nur alles auf rationelle und gut organisierte Weise zu erledigen, sondern auch noch die größtmögliche Wirkung zu erzielen: Resultate! Nicht nur effizient zu arbeiten, sondern auch noch die richtigen Dinge tun!

Wir müssen wegkommen vom Kästchen-Denken, wegkommen vom 8-Stunden-Tag-Denken. Vielleicht wollen Sie ja nur drei Stunden pro Tag arbeiten, weil Sie andere Pläne für die restliche Zeit haben. Kein Problem! Sie können es sich einrichten. Ein Verkäufer kann es zum Beispiel schaffen, in drei Stunden pro Tag mehr zu verkaufen als andere in 12 Stunden. Wie? Indem er seine Verkaufsfähigkeiten schult, indem er intensiv und konzentriert arbeitet, indem er auf die richtigen Kunden zugeht, indem er gut organisiert ist und indem er sich klare Ziele setzt. Somit arbeitet er dann vielleicht nur von 09.00 Uhr bis 12.00 Uhr und verdient dabei viel Geld. Auch in anderen Berufszweigen ist dies möglich mit etwas Organisation und Flexibilität. Eine interessante Überlegung, nicht wahr?

Beachten Sie auch die altbekannte Pareto-Regel, die besagt, dass Sie mit 20 Prozent des Aufwandes 80 Prozent der Resultate erreichen. Konzentrieren Sie also den größten Teil Ihrer Energie auf die Aktivitäten, die die größten Resultate bewirken, ob dies nun kurzfristig oder auch langfristig ist. Analysieren Sie immer wieder einmal an Abenden, was Sie den ganzen Tag über getan haben, und überlegen Sie sich, wie effektiv Sie waren. Was haben Sie zustandegebracht? Hätten Sie mit halbem Zeitaufwand das gleiche Resultat erzielen können? Wie hätten Sie dazu anders vorgehen müssen?

Es gibt Tausende von Dingen, die wir tun könnten in unserer Arbeits- und unserer Freizeit. Der effektive Erfolgsmensch ist aber gut darin, Entscheidungen zu treffen. Er entscheidet knallhart und präzise, welche Aktivitäten er verfolgen möchte und welche nicht. Wenn Sie effizient *und* effektiv sind, wird das Leben plötzlich viel leichter. Sie erzielen optimale Resultate, ohne sich zu überanstrengen, S haben Kontrolle über Ihr Leben und Ihren Erfolg, Sie sind gelassener und viel erfolgreicher.

„Ask" öffnet viele Türen

Jetzt möchte ich Ihnen eine außerordentlich wichtige Erfolgsmethode vorstellen. Sie klingt einfach, aber dafür ist Sie um so wirksamer. Seit ich sie anwende, bin ich sehr viel erfolgreicher. Für die Wand meines Büros ließ ich eine Plakette anfertigen mit den drei Buchstaben ASK: *ask*. Die deutsche Übersetzung dieses englischen Verbs lautet: fragen, bitten. Was bedeutet dies nun genau?

In dem Hörbuch *„Kopmeyers Erfolgsstrategien"* wird dem Thema „Fragen" viel Zeit gewidmet. Das Prinzip ist eigentlich ganz einfach. Ich erkläre es hier am Beispiel eines Verkäufers. Ein Verkäufer fragt viele potentielle Kunden, ob sie sein Produkt kaufen möchten. Viele sagen: Nein. Aber ein paar sagen: Ja! Von diesem Ja lebt der Verkäufer, und zwar oftmals sehr gut. Dieses „Fragen" kann man in sämtlichen Bereichen des Lebens einsetzen.

Viele Menschen tun dies aber nicht, weil Sie zu bequem, zu stolz oder zu feige sind. Als Kind haben wir es getan, aber inzwischen verlernt. Deshalb sollten Sie bewusste Anstrengungen machen, es zu tun. Je öfter Sie es tun, desto größer ist die Chance, dass Sie das bekommen, was Sie möchten.

Hier ein paar Beispiele:

■ Wenn Sie eine interessante Frau auf der Straße sehen, die Sie näher kennen lernen wollen, dann fragen Sie sie, ob sie mit Ihnen einen Kaffee trinken möchte.

- Wenn Sie in einem Fachgeschäft sind, fragen Sie den Verkäufer, ob Sie die von Ihnen gewünschte Ware zu einem besseren Preis bekommen können.
- Fragen Sie den Personalchef der Firma, in der Sie am liebsten arbeiten möchten, ob er eine Stelle für Sie hat.
- Wenn Sie eine Firma gründen, dann fragen Sie alle Leute in Ihrem Umfeld, ob sie Geld in Ihre Firma investieren möchten.
- Fragen Sie den reichsten Mann in Ihrer Stadt, ob Sie etwas über seine Erfolgsregeln erfahren können.

Dies waren nur ein paar wenige Beispiele. Es gibt unzählige weitere. Durch Fragen öffnen sich Ihnen viele Türen, die sonst für immer verschlossen wären.

Beim Fragen bekommen Sie natürlich sehr viele negative Antworten zu hören. Davor haben Sie vielleicht Angst. Es gibt keinen Grund dafür. Denn: Je mehr Nein Sie bekommen, desto mehr Ja gibt es auch. Hier kommt das Gesetz der Wahrscheinlichkeit zum Tragen. Im Verkauf ist dies ja bekannt: Je mehr Kunden man besucht, desto mehr Verkaufsabschlüsse macht man. Dies ist aber nicht nur im Verkauf, sondern in allen anderen Bereichen so. Wie viele „Neins" haben Sie in diesem Monat bekommen? Wenn Sie jetzt sagen: Keine! – dann gehen Sie den Weg des geringsten Widerstandes. Dies heißt also, dass Sie Ihr eigenes Potential und das Potential Ihrer Firma nicht voll ausschöpfen.

Übrigens: Was ist das Schlimmste, das Ihnen bei einer negativen Antwort passieren kann? Vielleicht ist die andere Person etwas beleidigend. Und Sie fühlen sich enttäuscht oder verletzt. Mehr kann aber nicht passieren. Und auch dies kommt selten vor – und es „haut Sie nicht um", wenn Sie von Ihrem Anliegen überzeugt sind. Ich selbst bekomme jeden

Tag in verschiedenen Bereichen sehr viele Neins. Aber gleichzeitig bekomme ich auch immer wieder einmal ein *wichtiges* Ja. Ein Journalist einer bedeutenden Zeitschrift sagt *ja* dazu, einen Artikel zum Thema Hörbuch zu schreiben. Ein Großkunde sagt *ja*, seinen gesamten Außendienst mit Verkaufs-Hörbüchern auszustatten. Ein bekannter Schauspieler sagt *ja*, bei uns als Sprecher tätig zu werden. Viele Leute denken, dass meine Firmen ganz einfach so erfolgreich sind, weil wir ein gutes Konzept haben und Qualität bieten. Diese Leute sehen nicht hinter die Kulissen. Sie sehen nicht, dass es sehr viele Neins gibt, bis auch ein paar Jas kommen. Wer die vielen Neins verkraften kann, der erreicht seine Ziele.

Ich wende das Prinzip des „Fragens" täglich an. Es ist enorm wirksam. Tun Sie es auch! Entwickeln Sie den Mut, das Telefon in die Hand zu nehmen, den Mut Briefe zu schreiben, den Mut, Leute anzusprechen. Zig Ziglar, einer der berühmtesten Verkaufstrainer Amerikas, sagt: „Nein bedeutet, dass der Kunde noch nicht genügend Informationen hat, um ein Ja zu geben." Diese Aussage gefällt mir. Wenn also ein Versandhaus meine Produkte nicht ins Sortiment aufnehmen möchte, dann nehme ich dies nicht als definitives Nein, sondern versuche, genügend Informationen und Argumente zu liefern, damit es zu einem späteren Zeitpunkt zum Ja kommt. Wenn das Konzept gut durchdacht ist, wenn ich es gut verkaufe und vom Erfolg überzeugt bin, dann kommt es schließlich auch zu einem Ja.

Jahresgehalt als Reserve

Sie sollten mindestens ein Jahresnettogehalt auf der „hohen Kante" haben, besser wäre mehr. Ein solches Polster verleiht

Ihnen mehr Selbstsicherheit, Mut und Gelassenheit. Wenn Sie stets schon am 20. des Monats ein leeres Konto haben oder im Minus sind, dann macht Sie das sehr verwundbar. Es ist schlimm, wenn Sie auf jedes einzelne Monatsgehalt angewiesen sind. Was ist, wenn unvorhergesehene Ausgaben auf Sie zukommen? Was ist, wenn sich die Zahlung des Monatslohns verzögert? Was ist, wenn Sie Ihre Stelle verlieren? Schlimm ist dabei auch, dass Sie unflexibel werden. Wenn Ihre Arbeitssituation nicht mehr erträglich ist, können Sie nicht einfach kündigen. Und wenn Sie eine gute Geschäftsidee haben, dann sind Ihnen die Hände gebunden. Mit einem Jahreslohn als Reserve fühlen Sie sich einfach besser. Geldmangel verursacht Stress. Er ist wahrscheinlich die größte Quelle von Stress überhaupt. Geldsorgen haben oft genug Familienstreitigkeiten, Schlaflosigkeit, Unwohlsein und verschiedene Gesundheitsprobleme zur Folge.

Es überrascht mich immer wieder, dass Menschen mit gutem Verdienst, also 10.000, 20.000 oder gar 50.000 Dollar im Monat, oftmals nicht genügend Geld auf der Bank haben, um einen Fernseher bar zu bezahlen. Die Ausgaben richten sich eben nach dem Einkommen. Teurere Autos, teurere Häuser, teurer Urlaub usw. bringen den Kontostand schnell in den Keller. Dies ist sehr ungünstig, denn man weiß ja nie, was passieren kann. Deshalb möchte ich Ihnen einen Tipp in Erinnerung rufen, den Sie wahrscheinlich schon öfter gehört haben. Aber weil Sie wahrscheinlich nicht danach handeln, erwähne ich ihn hier. Legen Sie immer mindestens 10 Prozent Ihres Netto-Einkommens auf die Seite, egal welche anderen Anforderungen im jeweiligen Monat auf Sie zukommen. Wenn Sie können, auch 20 Prozent oder mehr. Damit meine ich natürlich: Investieren Sie dieses Geld in sichere, aber renditeträchtige Kapitalanlagen.

Was können Sie, liebe Leserin, lieber Leser, konkret tun? Es gibt etwas, das sollten Sie gleich – heute noch! – tun, nämlich:

- Veranlassen Sie, dass 10 Prozent Ihres Lohnes per Dauerauftrag auf ein separates Sparkonto überwiesen werden. Dies ist Geld, das Sie niemals sehen. Sie vermissen es dann auch nicht.

- Informieren Sie sich in den nächsten Monaten intensiv über Investitionsmöglichkeiten, die sicher sind und Ihnen wirklich gute Zinsen bringen. Sobald sich dann ein größerer Betrag auf Ihrem Sparkonto angehäuft hat, investieren Sie ihn.

Sie können es sich leisten!

Wie oft sagen Sie „Das kann ich mir nicht leisten"? Denken Sie bitte ganz genau darüber nach. Und zwar: jetzt!
Nun, wahrscheinlich zu oft. Obwohl es meistens gar nicht stimmt. Sie haben nämlich Geld! Sie haben ein Einkommen. Und Sie geben jeden Tag Geld aus. Die Frage ist nur, wofür Sie Geld ausgeben! Wenn Sie also sagen: „Das kann ich mir nicht leisten" – dann ist das genauso, als würden Sie sagen: „Ich habe keine Zeit". Tatsache aber ist, dass Sie Zeit haben. Es hängt lediglich davon ab, ob Ihnen eine Sache wichtig genug ist, um Zeit in sie zu investieren. Auch beim Geld ist es so. Wenn Sie Geld brauchen, dann haben Sie es auch.

Ein Bekannter hatte sein 30.000 Franken teures Auto zu Schrott gefahren. Da für das Auto nur eine Teilkasko-Versicherung bestand, musste mein Bekannter den Schaden selbst tragen. Zu den 30.000 Franken kamen noch die Buß-gelder, Reparaturkosten für die Leitplanke an der Autobahn und anderes hinzu. Am Ende belief sich der Gesamtscha-den etwa auf etwa 40.000 Franken. Dieser Bekannte lebte jedoch finanziell von Monat zu Monat. Er gab immer alles aus, was er verdiente. Jetzt brauchte er plötzlich 40.000 Franken. Und tatsächlich gelang es ihm auch, dieses Geld binnen kürzester Zeit zu verdienen. Er war ganz überrascht. Einerseits unternahm er die nötigen Schritte, um mehr Auf-träge zu bekommen. Und andererseits gab er sein Geld ge-zielter aus. Er kam dann zum Schluss, dass er tatsächlich in der Lage war, Geld zu sparen. Er hatte immer geglaubt, ihm sei das nicht möglich. Inzwischen hat er angefangen, 10 Prozent seines Monatseinkommens auf die Seite zu legen. Manchmal sogar mehr. So heilsam war der Schock, den der Autounfall verursachte ...

Leisten können wir uns vieles, denn schließlich ver-dienen wir ja Geld. Es kommt dann einfach darauf an, wofür wir das Geld ausgeben. Wir alle haben die Möglich-keit, Geld zu sparen, anstatt es für etwas weniger Wichtiges auszugeben.

Auch das Geld, das wir nicht sparen, können wir für dieses oder aber für jenes ausgeben. Es liegt dann an uns, die richtige Entscheidung zu treffen. Als ich letztes Jahr in Amerika war, besuchte ich die Geschäftsführer mehrerer großer Hörbuch-Verlage, um Ideen auszutauschen. Zwei von ihnen waren in Los Angeles. Ich beschloss, einen Ar-beitslosen zu beauftragen, mich von Irvine nach LA zu fah-ren. Mein Mietwagen war ein sehr großer Cadillac, was oh-nehin ideal war für diesen Zweck. Ich hätte auch sagen können „Das kann ich mir nicht leisten", denn ich bin spar-sam, und lasse alles Geld in meinem Verlag, um es in neue

Produkte und ein größeres Marketing-Budget zu investieren. Dann aber kam ich zum Schluss, dass ich mir das leisten musste. Wenn ich selbst gefahren wäre im starken Verkehr von Los Angeles, dann wäre ich erschöpft angekommen und hätte weniger von dem wichtigen Termin profitiert. Dies wäre teurer gekommen. Es war eine gute Entscheidung, einen Fahrer anzuheuern. Ich saß hinten im Cadillac, entspannte mich, hörte mir Teile eines Hörbuchs an, döste zwischendurch ein wenig und war in Hochform, als ich dort ankam.

Wenn Sie sich also das nächste Mal etwas verwehren möchten, dann überlegen Sie sich, ob es nicht besser wäre, sich dies zu leisten. Manchmal ist es sinnvoll, Geld auszugeben, weil irgendwann ein Mehrfaches zurückkommt.

Setzen Sie Geld zur Erhöhung der Lebensqualität ein

Obwohl ich mich sehr gesund ernähre, gönne ich mir auch regelmäßig Süßigkeiten, aber nur qualitativ sehr hochstehende Dinge. Am allerliebsten mag ich die Schokoladen-Mousse-Torte aus unserer Confiserie in Kreuzlingen. Leider gibt es diese dort nur sehr selten. An meinem letzten Geburtstag wollte ich aber unbedingt solch eine Schokoladen-Mousse-Torte haben. Diese gibt es aber wirklich nur in dem besagten Geschäft, insbesondere in dieser hervorragenden Qualität. Nach dem Motto „Alles ist möglich" überlegte ich mir, wie ich nun doch zu dieser Schokoladen-Mousse-Torte kommen konnte. Dies war ein Tag vor meinem Geburtstag. Ich entschloss mich kurzfristig, es auszuprobieren. Ich rief an und fragte, wann es wieder einmal Schokoladen-Mousse-Torte geben würde. Die Inhaberin sagte mir, „Nicht vor

Oktober." Es war aber erst der 6. August! Ich sagte ihr, ich hätte wirklich sehr gerne solch eine Torte gehabt. Morgen sei mein Geburtstag. Es wäre mir 200 Franken wert. Das hat ihr fast die Sprache verschlagen. Sie fragte ihren Mann. Dieser sagte, sie würden eine Ausnahme machen. Am nächsten Tag könnte ich die Torte zwischen 17.00 und 18.00 Uhr abholen. Dies tat ich dann auch. Ich ging in die Konditorei und nahm die 200 Franken aus meiner Brieftasche. Der Inhaber der Konditorei bestand aber darauf, nur den normalen Tortenpreis zu verlangen. Obwohl ich insistierte, die 200 Franken zu bezahlen, wollte er sie nicht nehmen. Er sagte, das wäre viel zu viel für eine Torte.

Diese Episode hat mir Folgendes gezeigt:

1. Mit Geld kann man beinahe alles bekommen, wenn man nur danach fragt. Und manchmal ist es auch wert, den hohen Preis zu bezahlen. Mir wäre es 200 Franken wert gewesen, solch eine Torte an meinem Geburtstag zu essen.

2. Mit Geld kann man Aufmerksamkeit erregen. Wenn ich nicht von 200 Franken gesprochen hätte, dann wäre es wahrscheinlich bei der Antwort „Im Oktober gibt es wieder Schokoladen-Mousse-Torte" geblieben. Aber mit dem Angebot von 200 Franken habe ich einen ungewöhnlichen Weg beschritten.

Ähnlich ist es in unserem Verlag. Wenn ein Autor uns sagt, er brauche von seinem eigenen Hörbuch 1000 Stück, dann fällt es uns schwerer, ihm gewisse Sonderwünsche abzuschlagen, sofern diese sich im Rahmen halten und unserer Firmenphilosophie nicht widersprechen.

Und, liebe Leserin, lieber Leser, wir können noch etwas anderes daraus lernen: Man kann sehr viele Dinge

bekommen, die auf Preislisten, in Prospekten und Ladenge-
stellen nicht vorhanden sind. Man muss sich nur überlegen,
was man haben möchte, und dann der Firma ein Angebot
unterbreiten oder zumindest danach fragen.

Einmal kam eine Firma auf uns zu und fragte uns, ob
es möglich wäre, das Firmenlogo bei einem bestimmten
Hörbuch auf den Umschlag zu drucken, wenn sie 1000
Stück abnehmen würde. Dies stand bei uns nirgends im
Prospekt. Die Firma hat einfach von sich aus gefragt. Und
unsere Antwort war: Ja. Für unseren Kunden hat sich diese
Frage gelohnt, denn Sie können sich gewiss vorstellen, was
für einen guten Eindruck es auf dessen Kunden macht,
wenn sie ein außergewöhnlich gutes Hörbuch erhalten, auf
welchem sogar das Logo von jener Firma zu sehen ist.

Geld ist da, um ausgegeben zu werden. Das hält unsere Wirtschaft in Schwung. Wichtig ist nur, dass man das
Geld richtig ausgibt. Es gibt viele Dinge, die Sie sich leisten
können, wenn es sinnvoll ist. Sie sparen dann eben in einem anderen Bereich. Das Entscheidende für Sie ist einfach, mit offenen Augen durch das Leben zu gehen, wilde
Ideen zu entwickeln, Konzepte zu erstellen und diese dann
umzusetzen.

Gründen Sie erst eine Firma, wenn Sie genügend Start-Kapital haben

Viele unserer Kunden sind Unternehmer. Einige von Ihnen
stehen aber unter großem finanziellen Druck. Das Leben
wird für diese Menschen oftmals zu einem Alptraum. Sie
können nicht mehr zum Arzt gehen, sich keine Kleidung
mehr kaufen, nicht mehr in den Urlaub fahren, und sie es-

sen kaum noch etwas. Warum? Sie haben einen wichtigen Punkt nicht beachtet. Übrigens habe ich den gleichen Fehler früher auch gemacht. Sie haben (und ich hatte) zuwenig Startkapital und zu optimistische Umsatzerwartungen gehabt. Deshalb mein Tipp in 3 Teilen für alle, die sich mit dem Gedanken tragen, sich selbständig zu machen:

1. Sie sollten mindestens ein Jahreseinkommen für sich privat zurückgelegt haben, losgelöst vom normalen Firmenkapital. Denn Sie brauchen gutes Essen, um produktiv zu arbeiten. Und Sie brauchen auch Urlaub, damit Sie leistungsfähig bleiben. Außerdem lässt es sich nicht gut arbeiten, wenn man sich um seine Miete Sorgen machen muss.

2. Sie brauchen einen sogenannten Business-Plan, also einen Geschäftsplan, ein Firmen-Konzept. Wie man so etwas erstellt, erfahren Sie aus vielen Büchern und in Kursen. Ein Business-Plan ist sehr wichtig und erhöht Ihre Erfolgschancen gewaltig. Sie müssen auf Papier planen, einen Plan B entwickeln, systematische Marketing-Pläne erstellen, Budgets und Liquiditätspläne ausarbeiten. Daraus können Sie dann unter anderem auch Ihren Kapitalbedarf ermitteln. Ein Fehler, den viele Jungunternehmer machen, ist, mit zuwenig Kapital zu starten. Man braucht meist sehr viel mehr Kapital, als man zunächst annimmt. Wenn Sie an Fr. 100.000,– Startkapital denken, sind es vielleicht in Wirklichkeit Fr. 600.000,–, die Sie brauchen. Wenn Sie den Business-Plan erstellt haben, gewinnen Sie vermutlich größere Klarheit.

3. Beschaffen Sie sich doppelt soviel Kapital, wie Sie nach Ihrem Business-Plan benötigen. Meist sind nämlich die

Kosten höher als erwartet, weil man gewisse Umstände nicht berücksichtigt. Außerdem bleibt der Umsatz in der Startphase oftmals weit hinter den Erwartungen zurück, selbst wenn man die Erwartungen für realistisch hielt.

Bitte beherzigen Sie diese drei Punkte unbedingt, sonst kann Ihr Leben zu einem Alptraum werden. Wenn Sie also eine Firma gründen möchten, gehen Sie wie folgt vor:

a) Einen Business-Plan erstellen (dies kann bis zu einem Jahr dauern, je nachdem, wie viele Recherchen und Nachforschungen erforderlich sind).

b) Die eigene Kapitalsituation kritisch überprüfen. Gegebenenfalls einen Sparplan erstellen.

c) Weitere Kapitalquellen suchen, sofern dies nötig ist: Banken, Bürgschaften, Verwandte, private Kapitalgeber, Venture Capital, Vorauszahlungen von Großkunden, Lieferantenkredite usw. – es gibt viele Wege der Finanzierung.

d) Dann loslegen und die Pläne gewissenhaft, mit großer Ausdauer und Begeisterungsfähigkeit durchziehen!

Zum Schluss dieses Abschnitts möchte ich betonen, dass auch zuviel Kapital schädlich sein kann. Wenn man zuviel Geld hat, gibt man es auch viel leichter aus. Es ist ja bequemer, Geld auszugeben, als nach innovativeren Lösungen zu suchen. Um dies zu verhindern, könnte man sich das Geld von den Banken und Kapitalgebern zeitlich gestaffelt zuteilen lassen.

Nun, liebe zukünftige Unternehmer, diese Tipps – richtig berücksichtigt und angewendet – könnten für Sie einen Wert von mehreren hunderttausend Dollar haben. Wenn Sie sie befolgen, können Sie sich viele der dunklen Stunden, die zahllose Selbständige und Unternehmer erleiden, ersparen.

Werden Sie Experte auf Ihrem Gebiet!

Sind Sie Experte oder Spezialist auf Ihrem Gebiet? Tun Sie alles, wirklich alles, um dies zu werden und zu bleiben? Auch dies ist ein sehr wichtiger Erfolgsfaktor. Je mehr Sie über Ihre Branche, über Ihren Fachbereich und über den Markt wissen, desto erfolgreicher sind Sie.

Lesen Sie so viele Fachzeitschriften wie möglich! Gehen Sie zu Seminaren und Jahresversammlungen von Branchenverbänden. Lesen Sie Fachbücher. Kommunizieren Sie mit Leuten in anderen Ländern, die in einem ähnlichen Bereich arbeiten. Ich flog nach Los Angeles zur Jahresversammlung der APA, das ist die Vereinigung amerikanischer Hörbuchproduzenten. Ich war der einzige Teilnehmer aus dem deutschen Sprachraum. Dies meine ich mit „alles tun". Nicht nur das tun, was alle anderen tun! Sie müssen mehr tun als alle anderen! Wenn Sie auf Ihrem Gebiet zu den Besten gehören, wirkt sich das sehr positiv auf Ihr Einkommen aus. Es kann der Schlüssel zu Ihrem Erfolg sein. Die Konkurrenz müssen Sie dann nicht mehr fürchten, selbst wenn Sie ein wenig teurer sind.

Mein Verlag ist Spezialist für die Produktion und Vermarktung von Hörbüchern. Wir haben ein großes Fachwissen und natürlich auch wichtige Kontakte. Deshalb lag es auch nahe, dieses Know-how Drittfirmen auf Honorarbasis zur Verfügung zu stellen. Wir produzieren nun für Firmen aus verschiedenen Branchen sogenannte Firmen-Kassetten. Anstelle (und zusätzlich zu) einer Image-Broschüre lassen sich diese Firmen von uns eine Kassette gestalten, die die Firma und deren Produkte auf angenehme und unterhaltsame Weise vorstellt. Manche Firmen lassen von uns auch Schulungskassetten für die Verkaufsabteilung oder eine Einführungs- und Anleitungskassette für Kunden produzieren.

Warum vertrauen sich diese Firmen uns an? Sie könnten diese Kassetten ja auch selbst in einem Tonstudio produzieren. Ganz einfach: Wir haben das Know-how. Wir mussten in der Vergangenheit unser Lehrgeld in Form teurer Fehler bezahlen. Für den Kunden gibt es also kein Risiko mehr, wenn er zu uns kommt, anstatt selbst zu produzieren. Wir haben ein Team von guten Sprechern, bei denen wir wissen, dass Sie im Studio professionelle Arbeit leisten. Und wir wissen, wie man durch gekonnte Regieführung das Optimum aus einem Sprecher herausholt. Wir haben erprobte Studios, bei denen kein sogenannter Turnhallen-Effekt entsteht, und wissen, dass auch im Schneideraum gut gearbeitet wird. Wir haben Zugang zu guten Musik-Einlagen. Und wir wissen, wie man eine Firmen-Kassette am besten aufbaut. Wir können Distributionstipps geben und zudem unseren Ideenreichtum zur Verfügung stellen. Es ist also für den Kunden viel günstiger, wenn er mit uns die Kassette produziert, da er sich sehr viel Zeit, Arbeit und Fehler erspart. Da es keine anderen Anbieter gibt, die auf diesem Gebiet spezialisiert sind, haben wir eine gute Marktposition und können es uns auch leisten, Projekte abzulehnen, die uns nicht gefallen. Dies sind die Vorteile, die man als Spezialist oder Experte genießt.

Sicherlich wollen Sie doch auch vom besten Arzt der Stadt betreut werden, vom besten Automechaniker, vom besten Friseur, vom besten Steuerberater, vom besten Seminartrainer. Und wenn Sie ihn gefunden haben und zufrieden mit ihm sind, dann gehen Sie immer wieder zu ihm. Außerdem empfehlen Sie ihn weiter. Bis er dann ausgebucht ist und eine Warteliste erstellen muss!

Wie sieht es mit Ihnen aus? Sind Sie auch der oder die Beste auf Ihrem Gebiet? Oder zumindest einer der Besten? Wenn nein, was tun Sie, um es zu werden? Und was tun Sie, um es zu bleiben und ständig besser zu werden? Erstellen Sie sich hierfür ein Programm!

Erfolgsprinzip „Lebenslanges Lernen"

Die Tatsache, dass Sie sich dieses Buch lesen, beweist schon: Sie wenden dieses Erfolgsprinzip bereits an. Sie wissen, dass das, was Sie in der Berufsschule oder auf der Uni gelernt haben, nicht für ein langes Berufsleben ausreicht. Vieles, das wir früher einmal gelernt haben, ist heute veraltet oder schlicht und einfach nicht mehr richtig. Wir müssen uns ständig weiterbilden, egal in welcher Form. Es gibt viele Möglichkeiten, wie Sie auf dem laufenden bleiben, weiterlernen, Ihren Horizont erweitern und neue Ideen entwickeln können:

1. Kurse, Seminare und Tagungen besuchen.
2. Bücher lesen.
3. Publikums- und Fachzeitschriften lesen.
4. Hörbücher und Kassetten-Seminare anhören.
5. Im Internet surfen.
6. In Bibliotheken recherchieren.
7. Sich bei klugen und erfahrenen Leuten Wissen beschaffen

Diese Wege sind zwar bekannt, aber trotzdem wollte ich sie Ihnen hier in Erinnerung bringen. Vielleicht werden Sie jetzt angeregt, auf bestimmte Weiterbildungsbereiche stärkeres Gewicht zu legen. Ich schlage vor, systematisch ans Werk zu gehen. Erstellen Sie sich ein schriftliches Weiterbildungs-Konzept. Legen Sie fest, wie viele Seminare Sie pro Jahr besuchen wollen, wie viele Bücher Sie lesen, wie viele Hörbücher Sie sich anhören, welche Zeitschriften Sie abonnieren möchten – und so weiter. Sie sollten nie Zeitschriften lesen, nur weil sie gerade herumliegen. Lesen Sie die Zeitschriften, die Ihnen etwas bringen, geschäftlich oder auch persönlich. Und lesen Sie darin nur die Artikel, die Ihnen einen Nutzen bringen. Denn: Ihre Zeit ist wertvoll. Ich habe zum Beispiel ein paar amerikanische Management-Zeitschriften abonniert. Diese liefern mir wertvolle Ideen und Anregungen. Wenn Sie gute Englisch-Kenntnisse haben, dann empfehle ich Ihnen, dies ebenfalls zu tun.

Auf Punkt 7: „Sich bei klugen und erfahrenen Menschen Wissen beschaffen" möchte ich jetzt gezielt eingehen, weil dies etwas ist, was die wenigsten Menschen tun. Wenn Sie etwas Bestimmtes wissen müssen, dann gibt es vielleicht nur wenige Leute, die dieses Wissen besitzen. Finden Sie diese Leute! Ja, selbst wenn Sie einen Detektiv dafür beauftragen müssen. Sobald Sie solch eine Person gefunden haben, gibt es verschiedene Wege, an die Informationen zu gelangen:

- Laden Sie diese Person zum Essen und einem Gespräch ein.
- Befragen Sie diese Person per Telefon, per E-Mail, per Fax, auf dem Briefweg.
- Engagieren Sie diese Person stundenweise oder für ein bestimmtes Projekt.
- Oder stellen Sie diese Person als festen Mitarbeiter an.

Hierzu noch ein tolles Beispiel. Ein Bekannter erhielt die begehrte Stelle als Leiter der Internet-Abteilung eines großen Medien-Unternehmens. Bevor er sie antreten sollte, hatte er noch einen Monat Urlaub. Nein – er besuchte in dieser Zeit keine lang dauernden Kurse, in denen er zu 90 Prozent Dinge gelernt hätte, die er ohnedies schon wusste. Statt dessen suchte er sich einen Fachmann und engagierte ihn auf Stunden-Basis. So konnte er in 10 Prozent der Zeit gezielt jenes Wissen *erfragen*, das ihm noch fehlte. So etwas nenne ich Zeit-Effizienz! Man kann sie in vielen Bereichen anwenden. Das Stundenhonorar für den Experten mag vielleicht höher erscheinen als die Kursgebühr pro Stunde. Letztendlich ist diese Variante aber viel vorteilhafter! Die Zeit müssen Sie schließlich auch einrechnen, nicht nur die Kurskosten. Liebe Leser: Überlegen Sie sich, in welchem Bereich Sie diese Erkenntnis einsetzen können! Und dann müssen Sie nur noch die Person finden, die das nötige Wissen hat.

Englisch ist beinahe ein Muss für Erfolgsmenschen

Sprechen Sie Fremdsprachen? Ich stelle Ihnen diese Frage, weil in unserem heutigen globalen Zeitalter Fremdsprachen immer wichtiger werden. Wenn Sie beispielsweise das Internet benutzen, dann haben Sie einen großen Nachteil, wenn Sie kein Englisch sprechen. Für das Geschäftsleben ist Englisch mit Sicherheit die wichtigste Sprache. Sprechen Sie gut Englisch? Wenn nein, dann möchte ich Ihnen ans Herz legen, diese Sprache zu lernen. Ich selber spreche und schreibe Englisch beinahe so gut wie Deutsch. Dies war schon vor meinem längeren Amerika-Aufenthalt der Fall. Schon im Alter von 18 Jahren bestand ich nach nur 3 1/2 Jahren Englisch die Prüfung für das „Cambridge Certificate of Proficiency". Auch Sie können es schaffen, relativ schnell und mühelos die englische Sprache gut zu beherrschen. Ich schildere Ihnen nun kurz mein Rezept:

1. Ich lernte Grammatik und Wortschatz mit sehr vielen Selbstunterricht-Büchern und Kassetten. Jeden Tag arbeitete ich damit, vorwiegend in der Bahn.
2. Ich schrieb Aufsätze und ließ diese von einem Lehrer korrigieren.
3. Ich schaute jeden Tag englischsprachige Sendungen im Fernsehen an, anfangs nur Zeichentrickfilme und einfache Serien, später dann auch Wirtschaftssendungen und die Nachrichten. Dies ist so ziemlich die wirksamste Art, eine Sprache zu lernen. Aber Sie müssen es konsequent tun: beispielsweise jeden Tag eine Stunde lang. Fixieren Sie eine Stunde englischsprachiges Fernsehen in Ihrem Tagesplan!
4. Ich aß mehrmals jede Woche mit einer Amerikanerin zu Mittag. Dabei konnte ich meine Konversationsfähigkeiten verbessern.
5. Ich las viele Bücher auf Englisch, anfangs einfache, dann mit steigendem Schwierigkeitsgrad.
6. Ich hatte eine Brieffreundin in Amerika und eine weitere Brieffreundin in England.
7. Am Schluss besuchte ich noch einen Vorbereitungskurs von 10 Abenden, um mich für die Prüfungsfragen und die Prüfungssituation fit zu machen.

Ich bestand also, wie gesagt, das Proficiency-Examen mit einer guten Note – und ein halbes Jahr später noch drei weitere hohe Examen in Wirtschaftsenglisch. Ich muss Ihnen gestehen: Ich bin durchaus kein ausgesprochenes Sprachtalent. Der Grund, warum ich mein hoch gestecktes Ziel erreicht habe, war einerseits eine klare, überlegte Vorgehensweise und andererseits der starke Wille, dieses Ziel zu erreichen. Auch Sie können es schaffen! Wichtig ist nur, dass Sie den ersten Schritt tun. – Warum nicht *heute*?!

Nutzen geben oder „Going the extra-mile"

Leider wird das Thema „Nutzen geben" oftmals in Erfolgsbüchern ausgelassen, obwohl es doch ein ganz besonders wichtiger Erfolgsfaktor ist. Deshalb behandeln wir es nun hier. Geben Sie den Menschen mehr als das, wofür diese bezahlt haben. Was meine ich damit?

Hier sind zwei Beispiele:

Als Arbeitnehmer leisten Sie überdurchschnittliche Arbeit. Sie arbeiten so gut und so viel, als würden Sie schon jetzt das doppelte Gehalt beziehen. Dadurch machen Sie sich unentbehrlich. Ja, unentbehrlich! Dies hat folgende Vorteile:

a) Wenn Sie Gespräche über eine Gehaltsaufbesserung führen, dann haben Sie viele gute Argumente, warum man Ihnen eine Lohnerhöhung gewähren sollte.
b) Falls aus wirtschaftlichen Gründen die Anzahl der Mitarbeiter reduziert werden muss, so werden Sie wohl kaum entlassen werden, eben weil Sie unentbehrlich sind.
c) Sie haben ein gutes Gefühl, weil Sie gute Arbeit leisten, und wissen, dass Sie gut und wertvoll sind.

Und hier das zweite Beispiel: Als Selbständiger oder als Firma leisten Sie Ihren Kunden einen so außerordentlich guten Service, dass diese gar nicht zur Konkurrenz gehen möchten, selbst wenn diese etwas preisgünstiger wäre. Hier in Kürze ein paar Anregungen, wie Ihre Firma beim Kunden die „erste Wahl" werden und bleiben kann:

a) Alle Mitarbeiter in Ihrer Firma sind äußerst freundlich, fröhlich, gut informiert und professionell. Es macht Spaß, mit Ihrer Firma zu tun zu haben. Und alles wird effizient erledigt.

b) Der Kunde bekommt einen sehr guten Gegenwert für sein Geld. Sie geben ihm mehr, als er erwartet oder üblicherweise beanspruchen kann: zusätzliche Dienste, Produkte als Gratis-Beigabe, nutzenbringende Beratung und anderes mehr.

c) Alles in Ihrer Firma ist kundenfreundlich – damit meine ich die Büro- oder Ladeneinrichtung, die Kleidung der Mitarbeiter, die grafische Gestaltung der Rechnung, die Preislisten, selbst das sogenannte Kleingedruckte.

d) Und Sie vergessen auch nicht, den Kunden stets auf alle positiven Aspekte Ihrer Firma und Ihrer Leistungen hinzuweisen. Er könnte sie sonst übersehen. „Tue Gutes und rede darüber", lautet ein schlauer Spruch erfolgreicher Unternehmensleiter.

Liebe Leserin, lieber Leser, ob Sie Angestellte, Selbständige oder auch Schüler oder Rentner sind, es gilt immer die Regel: Je mehr Sie geben, desto mehr bekommen Sie. Vielleicht bekommen Sie dieses „mehr" nicht auf direktem Weg, dann aber bestimmt indirekt auf andere Weise. Wenn Ihr Chef Ihnen schon keine Lohnerhöhung geben möchte oder kann (das wäre der direkte Weg), dann wird vielleicht ein Konkurrenzunternehmen auf Sie und Ihre herausragenden Leistungen aufmerksam und bietet Ihnen einen besser bezahlten Arbeitsplatz an (das wäre der indirekte Weg). Und – was Sie immer und sofort bekommen dank der besseren

Arbeit, die Sie leisten: das ist mehr Befriedigung im Job und ein gutes Gefühl. Es lohnt sich also auf jeden Fall, mehr zu geben!

Aber, wie schon gesagt: Es genügt nicht, den Leuten mehr zu geben, Sie müssen sie auch darauf hinweisen. Also zum Beispiel durch mündliche oder schriftliche Mitteilungen wie: „Im Sinne von gutem Kundendienst habe ich Ihnen kostenlos zusätzlich XYZ gemacht bzw. geliefert."

Ich möchte das noch etwas vertiefen und mit einem weiteren eigenen Beispiel aufwarten. Je mehr Nutzen jemand mir und meinem Verlag bringt, desto mehr Nutzen bekommt er von uns, ob dies nun ein Mitarbeiter, ein Autor, ein Lieferant, ein Komponist, ein Kunde, ein Vertriebspartner oder wer auch immer ist. Wir haben dies stark systematisiert. Ich halte es stets so, dass der andere von mir mehr Nutzen bekommt als ich von ihm. Denn ich weiß, dass sich dies später einmal auf irgendeine Weise bezahlt machen wird. Und außerdem fühle mich gut dabei. Sie werden bemerken, dass bei den Hörbüchern des Rusch Verlags der Name des Sprechers jeweils groß vorne auf dem Cover steht. Er hat schließlich bei der Vorbereitung hart gearbeitet und dann bei den tatsächlichen Aufnahmen eine kreative Leistung erbracht. Auch das Tonstudio, der Musik-Komponist und die Firma, die das Cover gestaltet hat, werden erwähnt. Für die betreffenden Personen und Firmen führt dies oft zu Aufträgen von anderer Seite. Die Nennung auf dem Umschlag ist also auch ein Nutzen, den wir unseren Lieferanten und freien Mitarbeitern erbringen. Uns kostet dies wenig, aber diesen Personen bringt es viel, und deshalb sind sie auch erheblich motivierter.

Auch ein Spitzenmanager sollte das 10-Finger-System gut beherrschen

Ich schreibe auf der Tastatur meines Computers beinahe so schnell, wie ich denken kann. Dies habe ich mir selbst beigebracht. Und ich muss sagen – es ist sehr, sehr nützlich. Wenn die Gedanken fließen, dann ist es gut, wenn ich sie genauso schnell hineintippen kann. Ich habe zum Beispiel nur am Manuskript für dieses Buch geschrieben, wenn ich sehr inspiriert bin. Meine Finger schreiben dann wie von allein. Das gleiche gilt, wenn ich anspruchsvolle Faxe und E-Mails schreiben muss. Ich hätte die Aufbauphase des Rusch Verlags nie durchgestanden ohne das schnelle Zehn-Finger-System. Was ich damals alles in einen Tag hineingequetscht habe, ist enorm: die vielen Bestellungen, die ich eigenhändig eingegeben habe, dazu noch die vielen Briefe, Faxe, Telefongespräche, Buchhaltungsarbeiten, Tonstudio-Termine usw. Hätte ich doppelt so lange am Computer gebraucht, wäre das alles gar nicht zu bewältigen gewesen.

Wenn Sie das Zehn-Finger-System gut beherrschen, werden Sie wahrscheinlich rund 30 % effektiver. Ja, damit meine ich, dass Sie in Ihrer Arbeitswoche 30 % mehr Erfolg haben als früher. Ganz einfach, weil Sie Dinge erledigen, die Sie früher nicht getan hätten, da Sie auf die Verfügbarkeit einer Schreibkraft angewiesen gewesen wären. Ich möchte Ihnen dringend empfehlen, Ihr Zehn-Finger-System zu trainieren. Wie immer soll das nur eine Anregung sein – Sie entscheiden, ob Sie sie umsetzen.

In der Praxis handhabe ich es wie folgt:

- Einfache Briefe diktiere ich in mein Diktiergerät und gebe das Band ins Sekretariat zum Schreiben.

- Für gewisse Standard-Vorgänge haben wir auch Masken-Briefe im Computer, in die nur noch die Adresse und zwei oder drei Angaben eingefügt werden müssen. Dies ist auch sehr effizient, denn dann muss ich nur noch eine Zahl auf das Blatt schreiben, und das Sekretariat weiß sofort, welcher Formular-Brief ausgedruckt werden soll.
- Wenn es aber um komplizierte Sachverhalte, wichtige Berichte, Werbeschreiben und dergleichen geht, setze ich mich selbst an den Computer. Ich muss Sätze sofort ändern können. Ich muss daran feilen können, Absätze verschieben, gewisse Dinge wieder löschen. Da ich sehr schnell tippe, gewinne ich auch Zeit. Man braucht nicht fünf Korrekturgänge, und viel interne Kommunikation wird eingespart.

Es gibt noch eine Alternative zu einem Schreibmaschinen-Kurs, nämlich Computer-Lehrprogramme. Sie können natürlich auch Privatstunden nehmen, wenn dies für Sie der effizienteste Weg ist.

Was ist Ihnen wichtig?

Eine interessante Übung: Angenommen, Sie müssten plötzlich wegen eines Naturereignisses Ihr Haus räumen. Sie wissen nicht, ob das Haus bei Ihrer Rückkehr noch stehen wird. Sie haben zehn Minuten Zeit, um Ihr Auto mit den wichtigsten Dingen zu beladen. Was würden Sie mitnehmen?

Erstellen Sie eine Liste. Schauen Sie sich dann Ihre Liste an und Sie wissen, was Ihnen in Ihrem Leben am meisten am Herzen liegt. Und Sie wissen auch, was in Ihrem Leben nicht so wichtig ist. Durch diese Übung haben Sie viel über sich selbst gelernt.

Was ist mir wichtig?

_____

_____

_____

_____

_____

_____

_____

_____

_____

_____

_____

Teil 2 | Organisation und Management

Vorwort von Prof. Dr. Lothar J. Seiwert

Das spannendste Thema, mit dem Sie sich in Ihrem Leben beschäftigen können, sind Sie selbst. Je intensiver Sie sich mit Ihrem Lebenserfolg auseinandersetzen, desto mehr übernehmen Sie das Steuer auf Ihrem eigenen Lebensschiff und bestimmen, zu welcher Persönlichkeit Sie sich entwickeln und welche Ziele Sie in Ihrem Leben erreichen.

Dazu gehört, dass Sie jeden Tag bewusst entscheiden, mit welchen Menschen Sie sich umgeben und mit welchen Dingen Sie sich beschäftigen – wofür Sie Ihre wertvolle Lebenszeit einsetzen. Alex S. Rusch *setzt seine Lebenszeit äußerst gezielt ein. So macht er uns beispielsweise vor, dass Weiterbildung fast überall möglich ist – sei dies nun im Auto, beim Fitnesstraining oder beim Joggen. Die effiziente und spannende Weiterbildung mit Hörbüchern begeistert mittlerweile unzählige wissbegierige Menschen. Viele von ihnen wurden dank* Alex S. Rusch *zu Erfolgskapazitäten.*

Nutzen Sie die Navigationshilfen in diesem Erfolgs-Ratgeber, um für jeden Ihrer Lebensbereiche eine Inventur durchzuführen. Starten Sie Ihre persönliche „Entrümpelungs-Aktion", und beginnen Sie ab heute ein Leben, dass durch Ihre bewusste Entscheidung und kluge Planung frei von Stress, Zwang und Ärger ist.

Sie wissen es: „Heute beginnt der erste Tag vom Rest Ihres Lebens!"

Ihr Lothar J. Seiwert

www.seiwert.de

Prof. Dr. Lothar J. Seiwert ist „Deutschlands tonangebender Zeitmanagement-Experte" (Focus 1/2000)

Wie hoch ist Ihr Stundenlohn?

Beginnen wir diesen Teil mit dem Thema „Einsatz Ihrer Zeit". Ich möchte dieses Thema jedoch einmal von einer anderen Seite betrachten. Hier ist eine wichtige Frage, die Sie sich aufschreiben und immer wieder vor Augen halten sollten. Sie lautet: „Wie hoch ist eigentlich mein Stundenlohn?"

Warum ist dieser Satz so wichtig? Ganz einfach: Zeit ist Geld. Eigentlich ist Zeit noch sehr viel mehr als Geld. Wir haben nur begrenzte Zeit zur Verfügung. Die biologische und chronologische Uhr läuft. Unsere Lebenszeit ist nicht vermehrbar. Deshalb ist es sehr, sehr wichtig, was Sie mit Ihrer Zeit anfangen. Überlegen Sie sich doch zum Beispiel einmal, ob es sich generell lohnt, bei Lebensmitteln Geld zu sparen? Wie viel Zeit müssen Sie aufwenden, um Preisschilder zu studieren, Preisvergleiche anzustellen, auf einem Einkaufszettel Einkäufe auf drei verschiedene Supermärkte aufzuteilen – und so weiter? Rechnet sich das?

Ich persönlich schaue mir deshalb nie die Preisschilder von Lebensmitteln an. Vielleicht könnte ich damit einige Dollar pro Woche einsparen, aber in der statt dessen gesparten Zeit kann ich bei weitem mehr Geld verdienen. Ich spare lieber Geld bei größeren Anschaffungen und kaufe dann bei Lebensmitteln was ich will und soviel ich will. Dies bedeutet für mich Lebensqualität.

Deshalb nochmals die Frage: Wie viel beträgt Ihr Stundenlohn? Nehmen wir einmal 25 Dollar als Zahl für unsere Überlegungen an. Berechnen Sie für alles, was Sie tun, einen entsprechenden Wert – auch in Ihrer Freizeit. Wenn Ihnen Einkaufen Spaß macht, dann ist es ja in Ordnung, fünf Stunden pro Woche dafür aufzuwenden. Es ist aber nicht in Ordnung, wenn Sie für diesen erheblichen Zeitaufwand

nicht einmal etwas Vergnügen gewinnen. Wenn Sie bei-
spielsweise zum Abendessen bei Bekannten vier Stunden
verbringen, entspricht das in diesem Fall einem „Zeit-Wert"
von 100,– Dollar. Bringt Ihnen dieses Abendessen soviel
Vergnügen oder menschlichen Gewinn, um den Zeiteinsatz
zu rechtfertigen? Oder gibt es andere Tätigkeiten, in die Sie
Ihre Zeit besser investieren könnten? Mit anderen Worten:
Ist Ihnen der Spaß 100 Dollar wert? Oder hätten Sie diese
Zeit lieber für etwas anderes eingesetzt, das Ihnen den
„Lohn" von 100 Dollar Lohn eher wert wäre: zum Beispiel
mit Ihrem besten Freund Schach zu spielen?

Machen Sie ein Spiel aus dem Stundenlohn-Modell.
Stellen Sie immer wieder einmal in einer ruhigen Minute
diese Rechnung auf, egal wo Sie sind und was Sie tun. Einer
meiner Kunden, den ich beriet, kam zu dem Schluss, dass
ihn somit ein langweiliger Konzertabend Fr. 200,– gekostet
habe. Und in diesem Betrag war erst seine eigene Zeit enthalten. Hinzu kamen dann noch Fahrtspesen, Konzertkar-
ten, Getränke usw. Dies stimmte ihn nachdenklich.

Sie sollten übrigens nicht nur Ihre Zeit berechnen,
sondern auch andere Faktoren miteinbeziehen, zum Beispiel Kilometer-Spesen für das Auto. Fragen Sie Ihren Steuerberater, wie hoch Kilometer-Spesen zur Zeit sind. Nehmen wir hier einmal als Rechenbeispiel der Einfachheit
halber 0,50 Franken an. Je nach Land und Jahr ist dies
natürlich unterschiedlich. Wenn Sie 100 Kilometer fahren
müssen, dann kostet Sie dies also Fr. 50,–. Ich kenne Leute,
die von der Schweiz über die Grenze nach Deutschland
(oder umgekehrt) fahren, um dort einzukaufen und vielleicht Fr. 20,– zu sparen. Dabei müssen Sie 50 Kilometer hin
und 50 Kilometer zurück fahren. Sie sparen zwar Fr. 20,–,
haben aber mindestens Fr. 50,– Fahrtkosten: also einen Ver-

lust von Fr. 30,– und zusätzlich Kosten von vielleicht Fr. 120,– für die verlorene Zeit.

Ihre Zeit ist wertvoll. Entscheiden Sie deshalb bewusst, wie Sie Ihre Zeit einsetzen. Anstatt sie für eine Tätigkeit zu verbrauchen, die Ihnen wirtschaftlich nichts bringt und Ihnen womöglich auch keine persönliche Freude bereitet, haben Sie drei Möglichkeiten:

- Sie nutzen die Zeit, um Ihr Einkommen zu erhöhen, also für Überstunden, einen Nebenjob, für Weiterbildung, wichtige Kontakte, um Ideen für Ihre Firma zu entwickeln und so weiter.
- Oder Sie nutzen die Zeit, um etwas zu tun, das Ihnen wirklich Freude bereitet.
- Oder Sie nutzen die Zeit, um sich und anderen Menschen das Leben zu verschönern, indem Sie zum Beispiel Zeit mit Ihrer Familie oder mit engen Freunden verbringen.

Stress-Abbau dank einfachem Organisations-System

Nichts verursacht mehr Stress als dies: Man findet in seinem Büro nichts mehr und kann infolgedessen nicht effizient arbeiten. Plötzlich kann man Termine und Zusagen nicht mehr einhalten und bringt viel weniger zustande, als möglich wäre.

Ist Ihr Schreibtisch überdeckt mit unzähligen Papieren? Oder kennen Sie Leute, bei denen dies der Fall ist? Dies ist ein enormer Zeit-Killer. Ihr Ziel sollte es sein, ein Blatt Papier möglichst nicht mehr als einmal in die Hand zu nehmen. Sonst verlieren Sie wertvolle Zeit damit! Dies bedeutet, dass Sie bei diesem ersten Mal bereits eine Auswahl treffen. Sehen wir als Beispiel einmal Ihre Morgenpost durch. Oder meine. Ich mache es so:

1. in den Papierkorb,
2. für den Aktenschrank,
3. für das Sekretariat,
4. für die Buchhaltung,
5. für den Kundendienst,
6. heute zu bearbeiten,
7. später zu bearbeiten.

Schon ist der Schreibtisch frei! Ich habe weniger Stress und arbeite produktiver. Mit dem folgenden Organisationssystem erhöhe ich weiter meine Effizienz. Ich habe verschiedene Ablage-Fächer, nämlich:

- ein Fach mit der Aufschrift HEUTE für Dinge, die ich heute erledigen möchte
- ein Fach mit der Aufschrift ANRUFEN – hierhin kommen die Akten von Leuten, die ich anrufen muss
- ein Fach mit der Aufschrift WARTEN AUF ANTWORT – dies erkläre ich in einem späteren Kapitel
- ein Fach mit der Aufschrift SOBALD ICH ZEIT HABE – hierhin kommen Dinge, die ich erledige, sobald mein HEUTE-Fach leer ist
- ein Fach mit der Aufschrift SPÄTER EINMAL – hierhin kommen Dinge, die nicht so dringend sind
- ein Fach mit der Aufschrift E-MAILS / SURFEN – wenn ich ins Internet gehe, dann schreibe ich jeweils verschiedene E-Mails gleichzeitig – daher sammle ich die entsprechenden Unterlagen in dieses Fach während ein paar Stunden
- und dann noch verschiedene Fächer mit laufenden Projekten, also z. B. Pressearbeit, Werbung, Grafik, Produktionen usw. – und last, but not least:

■ ein IDEEN-Fach – hierhin kommen Zettel mit Ideen, die ich dann später auswerten werde

Ein weiteres Fach hat die Aufschrift SPÄTER LESEN: In dieses Fach werfe ich alle Dinge, die ich in den nächsten Tagen in ruhigen Augenblicken lesen werde, also z. B. wichtige Fachzeitschriften, interessante Prospekte und Werbebriefe, Gebrauchsanweisungen usw. – alles Dinge, die sonst meine Arbeitszeit zu stark belasten oder auch einfach liegen bleiben würden. In einem ruhigen Moment oder in der Mittagspause oder am Abend lese ich mich dort ein bisschen durch. Der Vorteil ist: nichts bleibt ewig auf einem Stapel liegen, sondern alles wird wirklich gelesen. Wenn die Sonne scheint, dann gehe ich mit dieser Lektüre auf meine Terrasse, selbst im Winter.

Ich möchte hier noch betonen, dass ich keinesfalls ein Buchhalter-Naturell bin. Auch ich muss mich von Zeit zu Zeit zwingen, systematisch zu arbeiten. Es fällt aber um so leichter, wenn ich mir der Vorteile bewusst werden. Wenn ich etwas suche, dann finde ich es normalerweise in Sekunden. Somit bin ich produktiver und auch weniger gestresst. Ich kann z. B. während eines Telefongespräches etwas Bestimmtes suchen, was es mir dann erspart, nochmals zurückrufen zu müssen. Ich gewinne also Zeit für wichtigere Projekte.

Werden Sie sich der Probleme bewusst, die entstehen, wenn Sie schlecht organisiert sind: verpasste Termine, gebrochene Versprechen, Stress, unproduktive Arbeitstage und so fort!

In diesem Zusammenhang gebe ich Ihnen eine weitere Anregung: Führen Sie eine sogenannte „To do"-Liste, also eine Liste mit Aufgaben, die Sie HEUTE erledigen möchten.

Nehmen Sie ein DIN-A4-Blatt und beschriften Sie es mit dem heutigen Wochentag, z. B. Mittwoch. Auf diese Liste schreiben Sie, was heute unbedingt fertig sein *muss* und was Sie gerne sonst noch erledigen würden. Bereiten Sie je ein weiteres Blatt für Donnerstag, Freitag, Samstag usw. vor. Verteilen Sie Ihre Aufgaben und Projekte auf diese Tage. Immer, wenn Sie etwas erledigt haben, streichen Sie es genüsslich von der Liste – ein kleines Erfolgserlebnis.

Alles, was Sie versprechen, sollten Sie auf Ihre Liste schreiben. Wenn Sie beispielsweise einem Kunden zusagen, eine Kopie eines Artikels zu senden, dann schreiben Sie es auf die Liste. Auf diese Weise haben Sie Gewissheit, dass es nicht vergessen wird. Dies ist wichtig! Es darf einfach nicht passieren, dass Sie Dinge vergessen!

Ich kenne Leute, von denen ich weiß: Die Chancen stehen bestenfalls eins zu zehn, dass sie auch *tun* werden, was sie zugesagt haben. Mit solchen Menschen arbeite ich ungern zusammen. Über diese Menschen wird dann auch geurteilt: „Müller ist unzuverlässig. Nie schafft er es, bestimmte Dinge durchzuziehen." Eine solche Person wird viele verschlossene Türen vorfinden – beruflich wie privat.

Ein hervorragendes Beispiel: Wenn Ihre Gesprächspartner wissen, dass man auf Sie zählen kann, in jeder Hinsicht, dann eröffnen sich Ihnen viele ungeahnte Möglichkeiten. Sie werden gerne bei viel mehr Projekten und Vorhaben berücksichtigt. Die Folge ist: Sie fühlen sich gut und sicher. Sie müssen nicht immer wegen unerledigter Dinge ein schlechtes Gewissen haben. Sie wissen, dass Sie gute Arbeit leisten. Sie wissen, dass Ihre Mitarbeiter und Geschäftspartner schätzen, was Sie tun. Und Sie setzen Ihre Zeit für Wege und nicht für Auswege ein. Ich persönlich versuche immer mit Leuten zusammenzuarbeiten, auf die ich mich wirklich verlassen kann, sei es eine Druckerei, ein Tonstudio oder eine Kundendienstmitarbeiterin.

Neben Ihren täglichen „To do"-Listen sollten Sie sich auch ein Status-Blatt haben mit eher längerfristigen Projekten, an denen Sie sporadisch weiterarbeiten. Erstellen Sie hierzu eine Datei in Ihrem Computer und führen Sie dort alle laufenden Projekte auf. Neben dem Projekt schreiben Sie den jeweiligen Stand auf. Mindestens einmal pro Woche aktualisieren Sie sie. Anhand dieser Status-Liste können Sie auf die jeweiligen Wochentage die Einzelaufgaben verteilen.

Abgesehen von dieser einfachen „To do"-Liste gibt es auf dem Markt auch umfangreiche Organisationssysteme von Firmen wie z. B. Time/system. Sie sollten auch diese Möglichkeit in Betracht ziehen und für sich prüfen. Ich arbeitete viele Jahren mit diesen „To-do"-Listen. Und daneben hatte ich einen normalen Terminkalender. Ich dachte, dass ich kein Zeitplanbuch brauche. Obwohl ich intensiv mit Zeitplanbuch-Firmen zusammenarbeite, ließ ich mich lange nicht dazu überreden, mir solch ein Zeitplanbuch anzuschaffen. Nachdem die Firma Time/system bei uns schon etwa zwei Jahre lang Kunde war und schon eine vierstellige Anzahl Hörbücher bei uns bezogen hatte, entschloss ich mich dann doch, solch ein Time/system zu kaufen. Aber immer noch war ich sehr skeptisch. Aber schließlich ist es ja auch eines meiner Erfolgsprinzipien, dass ich nicht die Augen und die Ohren zuhalte, wie viele Menschen es tun, die mit einem Brett vor dem Kopf leben. Ich bin jeden Tag offen für neue Ideen, neue Konzepte, neue Vorgehensweisen. Mit guten Argumenten lasse ich mich gerne überzeugen.

Mein Time/system lag dann ein paar Wochen auf meinem Schreibtisch. Schließlich richtete ich es ein, benutzte es aber immer noch weitgehend wie einen normalen Kalender. Erst nachdem ich am Time/system-Einführungsseminar teilgenommen hatte, konnte ich es richtig einsetzen. Seither bin ich ein überzeugter Anhänger meines Zeitplanbuches. Ich nehme es überallhin mit. Es ist ein großartiges Arbeitsinstrument. Ich verwalte nicht nur meine Termine und Adressen damit, sondern halte alle Aktivitäten des Monats auf der jeweiligen Aktivitätenliste fest, und ich halte die Aufgaben des Tages und die Anrufe, die ich tätigen muss, auf dem jeweiligen Tagesblatt fest. In der Datenbank mit den 12 Registern deponiere ich sämtliche wichtigen Informationen, die ich benötige, wenn ich außerhalb meines Büros bin. Gegenwärtig habe ich folgende Register-Unterteilungen: 1. Werbung/Vertrieb, 2. PR, 3. Meine Firmen, 4. Autoren, 5. Mitarbeiter, 6. Produktion, 7. Internet, 8. Writing (also alles, was ich schreiben muss), 9. Zeitschrift, 10. Planung, 11. Braintrusts, 12. Produkt-Ideen.

Diese Datenbank ist aber nicht nur da, um Informationen mit sich zu führen. Sie hat noch eine viel wichtigere Funktion – als Ideen-Datenbank. Sie entwickeln mit deren Hilfe Ideen. Wenn ich z. B. im Flugzeug sitze, schlage ich manchmal die Rubrik „Werbung/Vertrieb" auf und entwickle dort auf einem Blatt Papier Werbe-Ideen. Oder ich habe plötzlich eine Idee für ein Kapitel meines Hörbuches, dann schreibe ich diese Gedanken auf ein Blatt unter der Rubrik „Writing". Manch einer mag einwenden, solche Zeitplanbücher seien etwas altmodisch im Vergleich zu elektronischen Taschenkalendern. Dies ist natürlich Ihre persönliche Entscheidung! Ich berichte Ihnen hier nur von dem, das bei mir selbst am besten funktioniert. Ich persönlich möchte mein Zeitplanbuch keinesfalls mehr missen. Es ist ein Arbeitsinstrument, das meine Effektivität stark erhöht hat.

Hier sind meine Überlegungen hierzu:

- Ich verbringe schon genügend Zeit am Computer und am Laptop. Da bin ich froh, wenn ich ab und zu mal etwas aufs Papier bringen kann.
- Zudem finde ich solch einen Taschencomputer riskant, da ich ihn verlieren oder er kaputt gehen könnte.
- Hinzu kommt, dass ich solche kleinen Tastaturen nicht gern habe. Und ich bin der Meinung, dass man Ideen wirklich am besten auf Papier entwickeln kann.

Hier ein weiteres Anwendungsbeispiel: Jeder wichtige Geschäftspartner hat in meinem Zeitplanbuch eine Seite. Auf diese Seite schreibe ich Gesprächspunkte, die mir im Laufe der Zeit einfallen. Wenn ich diese wichtige Person dann wieder einmal am Telefon habe, nehme ich die betreffende Seite zur Hand und gehe dann Punkt für Punkt durch. Auf diese Weise wird dies ein sehr effizientes Gespräch, und ich rege mich später nicht darüber auf, etwas vergessen zu haben. Mein Tipp an Sie: Informieren Sie sich einmal über Zeitplansysteme. Aber – hier das große Aber: Kaufen Sie sich nicht nur ein Zeitplansystem, sondern nutzen Sie es auch voll und ganz! Ich kenne viele Menschen, die zwar ein Zeitplanbuch besitzen, es aber nur als Terminplan einsetzen, weil sie keine Zeit finden, die Gebrauchsanweisung zu lesen oder ein Seminar zu besuchen. Da diese teilweise wichtige Geschäftspartner waren, die mit dem richtigen Einsatz eines Zeitplanbuches einiges effizienter arbeiten würden, entschloss ich mich, etwas dagegen zu tun. Nachdem ich schließlich nicht jeden einzelnen coachen konnte, musste ich einen anderen Weg finden. Was lag näher, als eine Gebrauchsanweisungs-Kassette zu produzieren. Meine Firma produziert ja ohnehin für andere Firmen solch individuelle Firmen-Kassetten, die diese an Kunden und Mitarbeiter verteilen oder verkaufen. Ich ging also auf die Firma Time/system zu, dem Marktführer in Zeitplanbüchern. Im deutschen Sprachraum hat diese Firma etwa 700 000 Kunden. Auf diesem Weg konnte ich die meisten Menschen erreichen. Es gelang mir, die Firma Time/system von dem großen Nutzen einer solchen Kassette zu überzeugen. Das Skript für diese Gebrauchsanweisungs-Kassette habe ich schließlich zusammen mit drei Führungskräften der Firma Time/system geschrieben und meine Firma hat diese Anleitungskassette in hoher Qualität für die Firma Time/system produziert.

Vielleicht werden ja auch Sie sich ein Zeitplanbuch anschaffen, oder möglicherweise besitzen Sie ja schon eines und werden es in Zukunft intensiver einsetzen. Es lohnt sich!

Werfen Sie alle Dinge weg, die Sie vermutlich nie mehr brauchen

Hier noch ein weiterer Tipp, den Sie sowohl im Büro als auch zu Hause anwenden sollten: Werfen Sie alle Dinge weg, die Sie vermutlich nie mehr brauchen. Das Resultat: Alles wird übersichtlicher und ordentlicher, und Sie fühlen sich erleichtert.

Warten Sie nicht auf den nächsten Umzug, sondern tun Sie es gleich. Fangen Sie mit Ihrem Keller, Ihrem Dachboden und Ihrer Garage an. Sie fühlen sich dann nicht nur befreit, sondern gleichzeitig stoßen Sie bei dieser Arbeit auch auf Dinge, die Sie schon lange gesucht haben. Es gibt Leute, die bewahren alles auf. Tausende von Zeitschriften liegen bei ihnen im Keller, obwohl sie diese doch nie mehr lesen werden. Mein Rat: Wenn Sie einmal ein Artikel interessiert, dann reißen Sie ihn heraus und legen ihn in einem Aktenordner ab. Aber deswegen die ganze Zeitschrift zu behalten ist sinnlos und belastend.

Es gibt natürlich auch Gegenstände, die Sie vielleicht nicht benötigen, die aber mit schönen Erinnerungen verbunden sind. Solche Gegenstände sollten Sie unbedingt behalten. Heben Sie sie an einem Ort auf, wo Sie sie jederzeit wieder finden können.

Nun – wie sieht es gegenwärtig bei Ihnen im Büro und zu Hause aus? Sind Sie zufrieden damit?

Mein persönliches Nachfass-System

Mein Nachfass-System habe ich aufgrund der Tatsache entwickelt, dass sehr, sehr viele Menschen nicht das tun, was sie sagen. Für uns Erfolgsmenschen bedeutet das also, dass wir „nachfassen" müssen. Je systematischer und zeitsparender wir dies tun, desto besser erreichen wir unsere Ziele.

Mein System sieht wie folgt aus: Es beginnt damit, dass ich möglichst viele Dinge in schriftlicher Form erledige, meist per Fax. Nehmen wir an, ich richte ein Angebot für eine Hörbuch-Lizenz an einen Buchverlag per Fax. Dieses Fax lege ich dann in mein Ablagefach „Warten auf Antwort". Wenn ich nach einem Monat keine Antwort erhalten habe, schreibe ich auf das gleiche Fax handschriftlich in großen Buchstaben: „2. Anfrage" und darunter das Datum dieses

Tages. Dann sende ich dieses Fax nochmals. Wenn ich nach einem weiteren Monat immer noch keine Antwort erhalten habe, dann schreibe ich „3. Anfrage" drauf mit dem aktuellen Datum und sende es nochmals. Und so weiter ...

Dieses System ist wirksam und effizient. Schauen wir uns einmal die Vorteile an:

1. Da das Fax sich in meinem „Warten auf Antwort"-Fach befindet und ich dieses Fach jede Woche einmal durchgehe, werde ich daran erinnert, nachzufassen. Es geht also nicht unter.

2. Es nimmt sehr wenig Zeit in Anspruch „2. Anfrage" und das Datum hinzuschreiben und das Fax zu senden.

3. Der Empfänger hat fast keine andere Wahl, als früher oder später eine Antwort zu schreiben oder sein Versprechen einzulösen.

Dieses Nachfass-System können Sie bei vielen Vorgängen anwenden, beruflich und auch privat. Sie sollten dann einfach von Fall zu Fall festlegen, in welcher Frequenz Sie nachfassen möchten. Bei gewissen Projekten fasse ich nur in Intervallen von 2 Monaten nach, bei anderen in Intervallen von drei Tagen.

Übrigens, das „Warten auf Antwort"-Fach sollten Sie nicht nur für Faxe einsetzen, sondern auch für Projekt-Mappen, bei welchen Sie auf einen Rückruf warten. Wenn der Rückruf nicht kommt, dann werden Sie daran erinnert, bei dem Geschäftspartner nachzufassen. Kommt der Rückruf, wissen Sie sofort, wo Sie die betreffend Unterlagen finden, falls Sie diese während des Gespräches konsultieren möchten.

Und jetzt noch ein letzter privater Tipp in diesem Zusammenhang: Wie oft haben Sie schon Dinge ausgeliehen, welche Sie nie mehr zurückerhalten haben? Sehr, sehr oft – nicht wahr? Wenn Sie jemandem etwas ausleihen, sollten Sie sich eine Notiz machen und diese ebenfalls in Ihr „Warten auf Antwort"-Fach legen, sonst vergessen Sie womöglich noch, dass Sie diesen Gegenstand überhaupt ausgeliehen haben und an wen.

Einige Erfolgshilfsmittel

Hier möchte ich Ihnen ein paar Erfolgshilfsmittel vorstellen, welche ich persönlich verwende. Diese Dinge sind vielleicht bereits bei Ihnen im Büro oder zu Hause vorhanden, werden aber nicht richtig für Ihr Erfolgskonzept eingesetzt.

Diktiergerät

Das erste Hilfsmittel ist das Diktiergerät. Ich besitze mehrere: Ein Diktiergerät befindet sich in meinem Auto, das zweite neben meinem Bett und das dritte auf meinem Schreibtisch. Es gibt zweierlei Einsatzbereiche für mich:

1. Wenn ich eine gute Idee habe, dann muss ich sie sofort festhalten, sonst vergesse ich sie. Vielleicht ist sie dann für immer verloren. Die besten Ideen bekommt man in den ungewöhnlichsten Momenten: oftmals kurz vor dem Einschlafen, beim Autofahren, beim Sport – und so weiter. Natürlich ist ein Notizblatt auch gut, aber in gewissen Situationen ist ein Diktiergerät einfach viel praktischer, etwa hinter dem Steuer, wenn man nur eine Hand frei hat. Oder auch im Bett, wenn es dunkel ist. Deshalb ist es gut, wenn Sie überall ein Diktiergerät in Griffweite haben.

2. Wenn Sie eine Sekretärin oder einen Sekretär haben, dann empfehle ich Ihnen, Ihre Briefe auf ein Diktiergerät zu diktieren. So brauchen Sie nur zwei Minuten pro Brief. Es gibt immer noch Führungskräfte, die Briefe von Hand auf ein Blatt Papier kritzeln und dieses dann der Sekretärin zum Abschreiben geben. In dieser Zeit hätten sie den Brief genauso gut selbst in den Computer tippen können. Mit dem Computer wäre es sogar schneller gegangen. Und Korrekturgänge wären auch nicht mehr nötig gewesen. Der effizienteste Weg ist jedoch das Besprechen eines Diktiergerätes. Man braucht dafür nur ein bisschen Übung.

Das Manuskript für dieses Buch haben ich zu einem großen Teil mit Hilfe von Diktiergeräten formuliert. Immer wenn ich gute Ideen hatte und inspiriert war, diktierte ich auf das Band. Dies geschah oftmals im Auto, nach dem Sport oder sogar am Schreibtisch mitten in einer anderen Aufgabe. Später gab ich die Diktatnotizen in den Computer ein und ergänzte sie mit Gedanken, die beim Niederschreiben entstanden. In einem weiteren Schritt sortierte und überarbeitete ich alles.

Diese Methode können Sie auch anwenden, wenn Sie eine besonders wichtige Rede schreiben oder eine Anzeige texten müssen. Oder auch wenn Sie einen wirklich wichtigen Brief oder Bericht schreiben wollen. Der diktierte Text soll nur als Anfang dienen. Wenn der Text einmal im Computer und auf Papier ist, kann man immer noch daran arbeiten. Ein guter Text entwickelt sich ohnehin im Laufe von fünf bis zehn Tagen. Wenn Sie einen wirklich wichtigen Brief schreiben, von dem viel für Sie abhängt, dann nehmen Sie sich einfach jeden Tag fünf bis zehn Minuten Zeit, um daran zu „feilen". Nach etwa einer Woche haben Sie dann einen wirklich vollendeten Brief.

Notizblock und Schreibstift

Der Notizblock und der Schreibstift dürfen in meiner Aufzählung natürlich auch nicht fehlen. Sie sollten überall genügend Notizpapier und Schreibstifte liegen haben. Auf dem Papier schreiben Sie alle Ihre Ideen auf, erstellen Sie Listen, halten Sie Gesprächsnotizen fest. Weder ein Computer noch ein Diktiergerät kann Notizpapier ersetzen. Wenn Sie Ihre Ideen irgendwie festhalten, ist es aber auch wichtig, dass Sie diese sortieren, bewerten und mit ihnen arbeiten.

Hier noch ein persönlicher Tipp: Ich trage immer ein kleines Notizbuch und einen kleinen Bleistift bei mir. Damit kann ich überall sofort Ideen festhalten, Telefonnummern aufschreiben, eine Notiz hinterlassen usw.

Küchenwecker

Ein Küchenwecker kann sehr nützlich sein. Wenn Sie sich z. B. vornehmen: „Ich werde an diesem Projekt genau 45 Minuten arbeiten, nicht mehr, nicht weniger" – dann lassen Sie den Wecker nach 45 Minuten klingeln, legen das besagte Projekt zur Seite und widmen sich einer anderen Aufgabe.

Daraus ergibt sich das nächste Erfolgsprinzip: Setzen Sie Zeitlimits! Eine bekannte Erfahrungsregel sagt: „Alle Arbeiten sind unendlich dehnbar." – Deshalb sollten Sie sich für jede Arbeit einen bestimmten Endzeitpunkt setzen. Sagen Sie sich beispielsweise: „An diesem Brief schreibe ich jetzt zehn Minuten, nicht länger." Oder: „Dieses Telefongespräch beende ich nach fünf Minuten." Anstelle des Weckers können Sie auch eine Sanduhr einsetzen, wenn Sie nicht möchten, dass andere Leute das Klingeln hören. Ich setze meine Küchenuhr auch ein, wenn ich jemandem verspreche, in einer halben Stunde zurückzurufen. Dann stelle ich die Uhr ein und werde pünktlich erinnert.

Rollodex-Rotationskartei

Viele Topmanager benutzen eine Rollodex-Rotationskartei. Wissen Sie, was ich meine? In diese vertikal drehbare Karten-Kartei für den Schreibtisch können Sie alphabetisch geordnet die Karten einstecken, und Sie können mit einem Handgriff herbeidrehen, was Sie gerade suchen. In Ihrem Rollodex sollten Ihre wichtigsten Kontakte verzeichnet sein. Bei Bedarf werden Sie in Sekunden einen Namen und eine Telefonnummer finden, die Ihnen weiterhelfen. Wen rufen Sie an, wenn Sie ein Buchhaltungsproblem haben? Wen bei Computer-Pannen? Bei Rechtsfragen? Alle wichtigen Geschäftsfreunde, Journalisten, Lieferanten usw. sollten eine Rollodex-Karte haben. Ein kleiner Handgriff, und Telefonnummer und Adresse sind zur Hand. Das ist praktischer, als nach solchen Daten im Computer suchen zu müssen, der vielleicht gerade nicht mal eingeschaltet ist. Sie erhalten das kleine Gerät im Bürofachgeschäft.

Kassettenrekorder

Sie sollten unter Umständen auch mehrere Kassettenrekorder besitzen. Nicht nur, um sich Hörbücher und Kassetten-Seminare anzuhören, sondern auch, um sich selbst aufzunehmen. Ja! Nehmen Sie sich einmal auf, wenn Sie telefonieren. Aus Datenschutz-Gründen dürfen Sie Ihren Gesprächspartner nicht aufnehmen, wohl aber sich selbst. Später können Sie kontrollieren, ob Sie wirksam kommuniziert haben. Dabei lernen Sie sich zu verbessern. Je wirksamer Sie telefonieren, desto bessere Resultate erzielen Sie. Das Telefon ist ein wichtiges Erfolgsinstrument.

Eigene Affirmations-Kassetten

Eigene Affirmations-Kassetten zählen auch zu meinen Erfolgs-Hilfsmitteln. Was meine ich damit? Nun schreiben Sie sich auf einen Zettel eine große Anzahl positiver Sätze über sich und Ihr Umfeld: Dinge, die schon jetzt Realität sind, und Dinge, die es bald sein werden. Sie schreiben in der Gegenwartsform mit „ich". Also zum Beispiel Sätze wie: „Ich bin begeisterungsfähig." oder „Ich mache jedes Jahr zehn Wochen Urlaub" oder „Ich bin ein Spitzenverdiener" usw. Danach nehmen Sie zwei Kassettenrekorder. Auf dem einen Gerät lassen Sie Ihre Lieblingsmusik laufen und mit dem anderen Gerät nehmen Sie auf. Das heißt: Sie lesen die Sätze laut auf das Band mit Ihrer Lieblingsmusik im Hintergrund. Lassen Sie zwischen den einzelnen Sätzen Pausen von etwa fünf Sekunden. Die Kassette sollte eine Länge von mindestens 30 Minuten haben. Sie können die einzelnen Affirmationen auch mehrmals in unterschiedlicher Reihenfolge wiederholen.

Dann hören Sie sich, wann immer Sie Lust haben, diese Kassette an: im Auto, am Morgen beim Anziehen und bei vielen anderen Gelegenheiten. Sie werden sehen, wie motivierend, aufbauend und angenehm das ist. Solch eine Affirmationskassette hilft Ihnen auch, positiv zu denken. Probieren Sie es aus!

Wandtafeln und Pinwände

Ich habe in meinem Büro mehrere Pinwände und Wandtafeln. An den Pinwänden hängen wichtige Informationen, die ich während meiner Arbeit, bei Sitzungen und bei Telefongesprächen brauche. Auf den Wandtafeln stehen z. B. aktuelle Werbemaßnahmen, wichtige Ziele, und es ist genügend freie Fläche für Notizen während Sitzungen vorhanden. Pinwände und Wandtafeln sind auch sehr hilfreich bei der Entwicklung und Weiterentwicklung von Ideen. Man schreibt einfach alles, was einem einfällt, auf die Wandtafel.

Und was ziert Ihre Wände ...? Pinwände und Wandtafeln können Sie übrigens recht günstig kaufen. Schauen Sie sich einmal um. Auch für zu Hause sind sie nützlich, z. B. für die Aufteilung der Hausarbeit, die Einkaufsliste, für Küchenrezepte, Ferienvorschläge und so weiter.

Clipboard

Es kann sehr praktisch sein, mit einem Clipboard zu arbeiten, denn es fällt auf dem Schreibtisch auf. Es ist ideal, um ein wichtiges Informationsblatt oder eine Checkliste darauf zu befestigen. Oder wenn ich für ein bestimmtes Projekt Ideen sammle, nehme ich ein Clipboard, befestige ein Blatt Papier darauf und beschrifte es mit dem Projekt. Wann immer ich während des Tages Ideen hierzu habe, nehme ich das Clipboard zur Hand und schreibe diese auf. Auch neben meinem Bett liegt ein Clipboard für meine Ideen, die ich dort habe. Am besten kaufen Sie sich gleich drei oder vier Clipboards.

Videokamera

Eine gute Möglichkeit, Auftreten und Rhetorik zu trainieren, ist der Einsatz einer Videokamera. Proben Sie damit Ihre Reden oder auch Verhandlungsgespräche. Nur durch Übung und Verbesserungskontrolle werden Sie so gut wie ein erfolgreicher Fernsehmoderator. Ein großer Teil Ihres Erfolges hängt tatsächlich davon ab, wie Sie schreiben und – vor allem – wie Sie sprechen und sich körperlich ausdrücken. Eine Videokamera ist eine Investition, die sich auszahlen wird. Kaufen Sie sich eine Videokamera mit Fernbedienung, sodass Sie sich selber aufnehmen können.

Ich würde Ihnen auch empfehlen, zusätzlich Kurse in Rhetorik und Präsentations-Technik zu besuchen.

30 bis 60 Minuten „Denk- und Planzeit" pro Tag

Wer gute Ideen und Konzepte entwickelt, hat einen großen Vorsprung vor seinen Mitbewerbern. Dies sollte für Sie Top-Priorität haben. Bleiben Sie nicht in der täglichen Routine stecken. Denken Sie weiter. Seien Sie nicht mittelmäßig. Das ist einfacher, als Sie vielleicht glauben. Aber Sie müssen etwas Zeit investieren, nämlich 30 bis 60 Minuten pro Tag. Diese Zeit verbringen Sie alleine an einem ruhigen Ort mit Papier und Bleistift. Während dieser Zeit denken Sie über Ihr Geschäft und Ihr Leben nach, Sie planen, setzen Prioritäten, entwickeln Ideen, ringen sich zu Entschlüssen durch. Dies ist ein ganz entscheidender Erfolgsfaktor.

Sie wenden nun vielleicht ein, dass Sie keine Zeit dafür haben, weil Sie ohnehin schon zehn Stunden pro Tag arbeiten und daneben noch Sport treiben und Zeit mit der Familien verbringen möchten. So habe ich früher auch geredet; und dann habe ich es doch einmal versucht, weil ich immer wieder in Büchern von diesem Erfolgsprinzip las. Ich war begeistert von den Resultaten. Es zeigte sich, dass diese investierten 30 bis 60 Minuten pro Tag mir helfen, gezielter vorzugehen und gewisse Ideen zu entwickeln, welche im Alltagstrott nicht entstanden wären. Ich nehme mir diese Ideen-Zeit meist am Abend vor dem Schlafengehen.

Im Englischen gibt es ein Sprichwort, das lautet: *„Don't work hard, work smart."* Auf deutsch: Arbeite nicht hart, sondern gescheit! Es geht ja nicht um blinden Aktionismus, sondern um Resultate. Je sinnvoller, gezielter und durchdachter Sie arbeiten, desto besser sind die Resultate. Dies können Sie jedoch nur tun, wenn Sie sich losgelöst von der täglichen Routine Ihren Planungen und der Ideenentwicklung widmen.

Fangen Sie doch gleich heute damit an! Reservieren Sie sich diese Zeit. Setzen Sie sich vor ein Blatt Papier, nehmen Sie eine Bleistift, und schreiben Sie alles auf, was Ihnen einfällt. Das Niederschreiben hilft Ihnen, klarer zu denken. Und wer weiß, vielleicht entstehen dadurch ein paar interessante Ideen. Aber bitte beherzigen Sie den Rat, alles niederzuschreiben. 90 Prozent aller Ideen werden nie verwirklicht, weil derjenige, der die Idee hatte, sie nicht aufgeschrieben hat. Wir können nicht alles im Kopf behalten. Und es wäre doch schade, wenn nur deswegen eine tolle Idee verloren ginge. Hinzu kommt noch, dass das, was nur im Kopf geplant wird, leicht durch neue Gedanken überlagert werden kann.

Gutes Kosten-Management

Viele Firmen gehen Pleite, weil sie die Kosten nicht im Griff haben. Als erfolgreicher Manager oder Firmeninhaber muss man auch sein eigener Buchhalter und Controller sein. Schließlich geht es in einer Firma nicht um Umsatz, sondern um Gewinn. Grundregel: Lieber etwas weniger Umsatz, dafür aber einen gesunden Gewinn haben! Ein straffes Kosten-Management ist unerlässlich, egal ob das nun in einem Kleinbetrieb, in einer Großfirma oder im Privathaushalt ist.

Als ich in Amerika als Student lebte, hatte ich diverse Studenten-Jobs. Dabei lernte ich viel über Amerika, die Amerikaner und über Kundendienst. Das war eine wertvolle Erfahrung für mich. Stundenlöhne von $4,25 bis $5,50 waren üblich. Da muss man ziemlich viele Stunden arbeiten, um auch nur auf $ 100.00 zu kommen. Wann immer ich Geld verschwende, rufe ich mir diese Erinnerung ins Gedächtnis. Sicherlich haben auch Sie Erinnerungen, die Sie in diesem Sinne nutzen können. Denken Sie einmal darüber nach!

Es gibt aber noch einen anderen Aspekt, den Sie beachten sollten. In Amerika gibt es die Redewendung „Cheap is expensive" (auf deutsch: „Billig ist teuer"). Dies bedeutet: Geld an der falschen Stelle gespart, kann am Schluss noch mehr Kosten verursachen (selbst wenn es nur Zeit ist). Zeit ist auch Geld, denn in dieser Zeit könnten Sie Geld verdienen, Ideen entwickeln oder Ihre innere Batterie aufladen. Rennen Sie nicht Pfennigen hinterher, sondern versuchen Sie einfach, Ihr Geld und Ihre Zeit sinnvoll auszugeben. Vor allem muss das Verhältnis zwischen Preis und Leistung stimmen. In den meisten Fällen sollte man sich deshalb nicht für das billigste Produkt entscheiden.

Ein Beispiel:

Da mein Verlag jetzt auch Fernsehwerbung macht, kauften wir einen Videorecorder für den Verlag. Wir wollten die Fernsehspots aufzeichnen, um dann Kopien an Großkunden und Wiederverkäufer zu versenden. Es sollte nur ein

Zweitgerät sein, und deshalb kauften wir das günstigste Gerät, das es gab. Bei der Installation stellten wir fest, dass alles wirklich „billig" war. Zwangsläufig entschloss ich mich, das Gerät zurückzubringen und es gegen ein doppelt so teures umzutauschen. Man muss weitblickend denken, sonst ärgert man sich vielleicht fünf Jahre lang wegen der Ersparnis von ein paar hundert Franken oder Mark. Überlegen Sie sich also immer genau, ob es sich langfristig nicht doch auszahlt, etwas Besseres zu kaufen.

„Was würde ich tun, wenn ich das Geld dafür nicht hätte?"

Ich möchte Ihnen jetzt noch eine Frage vorlegen, die Daniel M. Frei häufig stellt. Die Frage lautet: „Was würden wir tun, wenn wir das Geld dafür nicht hätten?" Oder auf Sie privat bezogen: „Was würde ich tun, wenn ich das Geld dafür nicht hätte?"

Ich möchte es Ihnen wieder an einem Beispiel verdeutlichen: Es geht eigentlich darum, dass Sie mehr Geld ausgeben, wenn es Ihnen zur Verfügung steht. Am Anfang Ihrer Karriere, als Sie noch nicht soviel verdienten, haben Sie viele alternative Wege gefunden, um notwendige Dinge zu bekommen. Sie haben vielleicht einen Tausch gemacht, oder Sie haben etwas aus zweiter Hand gekauft. Oder Sie und ein paar Freunde haben zusammengelegt, um ein Gerät gemeinsam zu kaufen. Oder Sie haben es gar nicht gekauft, weil Sie es strenggenommen gar nicht brauchten. Jetzt, wo Sie mehr Geld zur Verfügung haben, werden Sie vergleichsweise bequem oder weniger innovativ, weniger abenteuerlustig – und geben zu leicht Geld aus.

Deshalb tun Sie nun einmal in Gedanken so, als hätten Sie das Geld nicht. Dies wird in einer Weise anregend auf Sie wirken, dass Sie alternative Wege finden. Ich wiederhole diese wichtige Frage nochmals, damit Sie sie aufschreiben können: „Was würde ich tun, wenn ich das Geld dafür nicht hätte?"

Ein Unternehmer sagte mir, dass er sich gut erinnert an die Anfangszeiten seiner Firma. Damals drehten er und seine Mitarbeiten jeden Pfennig dreimal um und haben nur das absolut Notwendigste gekauft. Und sie haben immer versucht, Gegengeschäfte zu machen oder andere Spezial-Deals auszuhandeln. Inzwischen war seine Firma gut etabliert und dabei waren auch seine Kosten stark gestiegen. Er sagte mir, seine Firma sei viel weniger kreativ bei den Einkaufs-Verhandlungen, weil sie eben mehr als genug Geld auf der Bank hätte. Er griff meinen Tipp auf und ließ ein großes Poster mit dem Satz „Was würden wir tun, wenn wir das Geld dafür nicht hätten?" erstellen und in der Einkaufsabteilung aufhängen.

Organisations-Handbücher erhöhen den Gewinn

Wie gut ist Ihre Firma organisiert? Haben Sie umfangreiche Organisations-Handbücher und Computerprogramme, in denen alle Abläufe Schritt für Schritt festgehalten sind? Läuft Ihre Firma sozusagen auf Auto-Pilot? Dies sind Fragen von großem Gewicht.

Michael Gerber, der Autor von „The E-Myth", sagt, dass jeder Unternehmer seine Firma so organisieren sollte wie ein Franchise-Unternehmen. Alle Abläufe sollten also optimiert und standardisiert sein, sodass theoretisch eine ähnliche Firma die exakt gleichen Abläufe einsetzen könnte und diese auch aufgrund des Mitarbeiter-Handbuches nachvollziehen und verstehen würde. Das Mitarbeiter-Handbuch ist demnach der zentrale Punkt.

Meine Frage an Sie: Gibt es in Ihrer Firma ein umfangreiches Mitarbeiter-Handbuch, in welchem alle routinemäßigen Arbeitsabläufe ausführlich und übersichtlich beschrieben sind? Wenn nein, dann sollten Sie sich einmal mit dieser Thematik intensiver beschäftigen.

Der bekannte deutsche Seminartrainer Klaus Kobjoll, Autor des Hörbuches „Motivaction", sagt, dass seine Firma aufgrund der klar definierten Abläufe mit Hilfe von Checklisten für so ziemlich alle Aktivitäten beinahe wie von allein funktioniert. Er als Hotel-Manager verbringt nur noch etwa drei Tage pro Monat in seinem Büro. Hinzu kommt, dass er nicht einmal in seinem Hotel wohnt, was ja für einen Hotelier ungewöhnlich ist. Der Hauptvorteil dieses Konzeptes ist gemäß Kobjoll, dass ein neuer Mitarbeiter in seiner Firma jetzt nur noch zwei Stunden lang in seine Tätigkeit eingeführt werden muss, anstatt wie früher zwei Tage.

Die Anregungen von Michael Gerber und Klaus Kobjoll haben mich auch dazu bewogen, meine eigenen Firmen stärker durchzuorganisieren. Wir gingen dabei wie folgt vor:

1. Wir nahmen einen Ordner und legten zehn Register ein. Diese Register beschrifteten wir dann mit Abläufen wie z. B. Bestelleingang, Mahnwesen, Wiederverkäufer-Handling usw.

2. Bei der Einführung neuer Mitarbeiter machten wir jeweils Notizen. Jemand, der gewisse Dinge schon seit Monaten oder Jahren macht, führt vieles automatisch durch und denkt gar nicht mehr an die einzelnen Schritte. Ein Mit-

arbeiter-Handbuch muss jedoch vollständig sein. Daher ist es eine gute Idee, solch ein Mitarbeiter-Handbuch bei der Einführung eines neuen Mitarbeitern zu schreiben. Diese Notizen gaben wir dann im Computer in ein Word-Dokument ein. Gleichzeitig machten wir Fotokopien von Muster-Briefen, Muster-Formularen usw., um diese im Ordner unter dem bestimmten Register-Fach einzulegen.

3. Fragen der neuen Mitarbeiter bei der Einführung wurden festgehalten und ebenfalls im Mitarbeiter-Handbuch integriert.

4. Nachdem dann einmal ein Grundgerüst bestand, wurde es textlich und formal überarbeitet, und jeder Mitarbeiter bekam eine Kopie des gesamten Mitarbeiter-Handbuches mit der Bitte, es durchzulesen, zu korrigieren und Ergänzungen anzubringen. In Sitzungen wurde dies dann besprochen und korrigiert bzw. im Computer ergänzt.

5. Dann wurde damit gearbeitet. Seither wird es beinahe wöchentlich optimiert, da wir ja auch mit Hilfe dieses Mitarbeiter-Handbuches Abläufe optimieren können.

Michael Gerber sagt, eine Firma sollte so gut organisiert sein, dass der Unternehmer an einem beliebigen Montag anrufen und sagen könnte, er wäre für die nächsten vier Monate abwesend, und trotzdem würde der Betrieb normal weiterlaufen! Es lohnt sich wirklich, die Firma durchzuorganisieren. Dies kann ich aus eigener Erfahrung sagen. Früher hing alles von mir ab, ich machte viel zuviel selber und war für alles verantwortlich. Dadurch blieb viel zu wenig Zeit für die Entwicklung von Ideen und für das Konzipieren von Strategien. Und das Wachstum meiner Firmen war dementsprechend langsamer. Jetzt kann mich auf meine Hauptaufgaben konzentrieren, was den Firmen viel mehr nützt. Die Mitarbeiter wissen, was zu tun ist, weil alles durchorganisiert ist.

Und sagen Sie jetzt nicht, dass es genügt, die Arbeitsabläufe im Kopf zu haben. Selbst die einfachsten Abläufe sollten in schriftlicher Form vorliegen. Folgende drei Gründe sprechen dafür:

1. Selbst bei logischen Abläufen ist eine Checkliste sehr hilfreich, weil sie sicherstellt, dass wirklich nichts vergessen wird und dass man dadurch auch selbstsicherer und schneller arbeitet.
2. Wenn Abläufe schriftlich vorliegen, kann man viel leichter erkennen, wo die Schwachstellen sind und was man noch optimieren kann.
3. Neue Mitarbeiter werden schneller produktiv, weil sie etwas haben, woran sie sich festhalten können. Etwas, das sie vielleicht auch nach Hause mitnehmen, um sich die einzelnen Schritte einzuprägen.

Wenn Sie in dieser Hinsicht Schritte unternehmen, wird sich wahrscheinlich der Gewinn Ihres Unternehmens relativ schnell erhöhen. Viel Erfolg dabei!

Reisezeit optimal nutzen

Viele Geschäftsreisende empfinden das Reisen als mühsam. Alle Flughäfen sehen gleich aus, alle Flugzeuge sind ähnlich, fast alle Hotelzimmer sind identisch. Am Anfang ihrer Karriere war es noch Spaß, Abenteuer, Abwechslung. Jetzt ist es nur noch eine lästige Pflicht. Denken Sie aber auch an die positiven Aspekte einer Reise. Während Sie im Flugzeug sitzen, haben Sie Zeit. Zeit, um Bücher und Fachzeitschriften zu lesen, die Sie schon lange einmal studieren wollten. Zeit, um über Projekte nachzudenken, Zeit, um Ideen zu entwickeln.

Ich muss sagen, ich freue mich geradezu auf eine lange Flugreise oder eine lange Zugfahrt. Schon ein paar Tage davor lege ich Dinge zurecht, welche ich dann bearbeiten werde.

Für eine Amerika-Flugreise nehme ich zum Beispiel folgende Dinge mit:

- 1 Hörbuch zusammen mit einem Walkman
- 1 gedrucktes Buch
- 1 oder 2 interessante Zeitschriften
- und rund 10 Projekt-Mappen

Und was ich natürlich auch immer bei mir im Handgepäck habe, das ist mein Zeitplanbuch, worin ich dann die neuen Ideen entwickeln und aufschreiben kann. Wie Sie sehen, habe ich somit ausreichend Arbeit für einen produktiven 9-Stunden-Flug nach Kalifornien. Daneben habe ich noch genügend Zeit für ein paar Nickerchen und leichte Imbisse.

Den Film, der im Flugzeug gezeigt wird, schaue ich mir in der Regel nicht an. Drei Gründe sprechen dagegen:

1. Ich möchte den Film selbst bestimmen und nicht anschauen, was mir vorgesetzt wird. Auch wenn ich aus ein paar Filmen auswählen kann, wie dies in moderneren Flugzeugen der Fall ist, ist das Angebot doch viel zu beschränkt.

2. Ich habe keine Lust, auf solch einen kleinen Bildschirm zu starren, noch dazu mit unbequemer Kopfhaltung. Außerdem ist die Tonqualität meist auch nicht so gut.

3. Ich möchte meine Zeit sinnvoller nutzen, damit ich ein Erfolgserlebnis habe: „Prima, was ich wieder alles geschafft habe während des Fluges!"

Im Flugzeug werde ich von keiner Sekretärin gestört. Es kommen keine Anrufe. Ich kann von nichts abgelenkt werden, weil es ja nur mich und meinen Sitzplatz gibt. Mitreisende, die mich in ein Gespräch ziehen wollen, lasse ich (sofern es nicht interessant ist) einfach „aussteigen", wie man im übertragenen Sinne so schön sagt. Gleiches gilt für Bahnreisen.

Probieren Sie es einmal aus. Planen Sie Ihre nächste Geschäftsreise – also die Reisezeit als solche. Was haben Sie vor, auf Ihre nächste Reise mitzunehmen? Nun, am besten erstellen Sie gleich eine Checkliste, die Sie in Ihr Zeitplanbuch oder in Ihren Aktenschrank ablegen. Wenn Sie nämlich, wie die meisten Menschen, ohne Lesematerial, ohne Hörbuch und ohne Arbeit ins Flugzeug steigen, dann bleibt Ihnen nichts anderes übrig, als die Bordzeitschrift zu lesen, einen Film mit anzusehen, den Sie nicht ausgewählt haben oder zu versuchen zu schlafen. Wo ist da die Befriedigung, das Erfolgserlebnis? Es lohnt sich also schon, sich auf seine Reise gut vorzubereiten. Es sind die einfachen, kleinen Schritte, die zu mehr Lebensqualität und Erfolg führen.

Bitte beachten Sie aber, dass Abwechslung hier entscheidend ist. Sitzen Sie nicht nur neun Stunden lang im Flugzeug und tun Sie währenddessen nicht nur immerzu das Gleiche. Ich arbeite vielleicht eine halbe Stunde an einem Text für eine Anzeige, dann höre ich mir 30 Minuten lang ein Hörbuch auf dem Walkman an, danach mache ich ein 20-Minuten-Nickerchen, dann lese ich eine Viertelstunde in einem Buch, schließlich esse ich eine Kleinigkeit, danach denke ich über neue Ideen für ein Projekt nach, anschließend mache ich wieder ein Nickerchen, dann lese ich einen Artikel in einer Zeitschrift. So vergeht die Flugreise im Nu.

Zum Schluss dieses Abschnitts noch ein Tipp für Flugreisende in andere Zeitzonen. Um den Jetlag so weit wie irgend möglich zu reduzieren, sollten Sie gemäß den Empfehlungen einiger Vielflieger während der Flugreise nur Wasser trinken und Früchte essen. Sonst nichts. Am besten nehmen Sie sich eine Flasche Mineralwasser und ein paar Früchte im Handgepäck mit und verzichten auf das Bordmenü. Sie werden sehen – es zahlt sich aus.

Sagen Sie anderen, was Sie von Ihnen erwarten

Gehen Sie nie davon aus, dass Dinge, die eigentlich logisch und nachvollziehbar sind, allen Leuten klar sind. Sie müssen sich einfach bewusst sein, dass viele Leute abgelenkt sind und sich daher nur begrenzt auf eine bestimmte Handlung konzentrieren. Daher mein Tipp: Sagen Sie den Leuten, was Sie in einer bestimmten Situation tun sollen, selbst wenn dies logisch scheint. Die anderen denken vielleicht nicht daran, weil sie abgelenkt sind oder schlicht und einfach nicht darauf kommen.

Ein Beispiel: Auf der Ansage unseres Firmen-Anrufbeantworters sagen wir nun schon seit längerer Zeit: „Bitte sprechen Sie langsam und deutlich und wiederholen Sie zur Sicherheit am Schluss Ihre Adresse." Dies war eine gute Idee, denn die meisten Anrufer tun dies nun auch tatsächlich. Früher war das Abhören des Anrufbeantworters problematisch, weil viele Kunden die Adressangaben zu schnell gesprochen und meist auch nicht wiederholt haben. Diese

Kunden müssen ja in Ihrem Leben ihre Adresse so oft sagen, dass sie eben dazu neigen, es zu schnell zu tun. Immer wieder geschah es, dass man die Bestellung nicht ausführen konnte, weil die Adresse nicht verständlich war und auch auf der Telefonbuch-CD-ROM nicht gefunden werden konnte. Ein einfacher Satz kann viel bewirken.

Was können wir daraus lernen? Sagen Sie den Leuten einfach, was Sie von Ihnen in einer gewissen Situation erwarten. Viele werden Ihnen dafür dankbar sein und nur zu gerne tun, was Sie Ihnen sagen. Diese Regel gilt in sehr vielen Situationen des Berufs- und Privatlebens. Sie müssen einfach selbst abwägen, wo was angebracht ist.

Hier ein paar Anwendungsbeispiele: Sagen Sie Ihren Mitarbeitern, was Sie von Ihnen erwarten. Die können es ja höchstens ahnen, aber nicht mit Sicherheit wissen. In Mitarbeiter-Sitzungen und auch in schriftlicher Form sollten Sie genau definieren, was Sie von Ihren Mitarbeitern erwarten. Gehen Sie keinesfalls davon aus, dass diese es ja wissen. Ihre Firma kann umso erfolgreicher sein, je genauer Ihre Mitarbeiter geführt und motiviert werden.

Sagen Sie auch Ihren Kindern, Ihrem Lebenspartner/Ihrer Lebenspartnerin, Ihren Freunden, was Sie von Ihnen erwarten. Es macht keinen Sinn, wenn Sie sich innerlich über ein falsches Verhalten aufregen. Sagen Sie Ihren Mitmenschen, was Sie stört, damit diese unter Umständen Korrekturmaßnahmen einleiten können. Dies gilt aber auch im positiven Fall: Sagen Sie Ihrem Lebenspartner/Ihrer Lebenspartnerin, welche Art von Streicheleinheiten Ihnen am besten gefallen, und finden Sie gleichzeitig auch heraus, wie es sich bei ihm oder ihr verhält. Auf diese Weise werden Sie beide viel glücklicher sein. Sie können nicht erwarten, dass die jeweils andere Person alles einfach von allein weiß.

Auch Ihren Besuchern sollten Sie gewisse Hilfestellungen leisten, z. B. mit Schildern. Die Leute sind daran gewohnt, sich an gewisse Regeln zu halten, und sind auch froh über entsprechende Informationen. In der Eingangshalle des Hauses des Rusch Verlags haben wir eine „No Smoking"-Tafel angebracht, damit alle Besucher schon am Eingang erfahren, dass dies ein Nichtraucher-Haus ist. Überlegen Sie sich einmal, was für Schilder Sie in Ihrem Haus, in Ihrer Wohnung, in Ihrem Büro anbringen möchten.

Ich möchte am Schluss dieses Abschnittes betonen, dass ich mit diesen Überlegungen keinesfalls sagen will, dass die anderen Menschen dumm seien. Die meisten Menschen sind intelligent, viel intelligenter, als manche glauben. Aber im Leben gibt es unzählige Dinge, auf die man achten muss. Wir wollen uns in unserer Familie, bei unseren Freunden, in Freizeitsituationen und in der Firma korrekt verhalten und beliebt sein. Überall, wo wir hingehen, müssen wir uns zurechtfinden. Wir müssen Dinge erledigen, Ziele erreichen, Lebensentscheidungen fällen. Hinzu kommt, dass unsere Aufmerksamkeit nicht immer auf eine einzige Sache gerichtet sein kann. Viele Dinge beschäftigen unser Gehirn. Da ist man doch für jede Hilfestellung dankbar. Am Flughafen bin ich z. B. immer froh, wenn die Beschilderung gut ist, ebenso in Einkaufscentern. Und auch bei Freunden bin ich froh, wenn diese Ihre Wünsche offen zu erkennen geben, damit ich weiß, wann ich sie mit etwas beleidigen würde oder wann ich etwas tue, das sie stört. Sie werden sehen, dass die meisten Menschen froh sind, wenn ihnen Hilfestellungen geboten werden. So einfache Dinge, wie z. B. einem Besucher zu sagen: „Nehmen Sie doch bitte auf dem linken Stuhl Platz", führen dazu, dass sich der Besucher in einer fremden Umgebung wohler fühlt.

Nochmals zusammenfassend dieser Erfolgstipp: Sagen Sie Ihren Mitarbeitern, Ihren Lieferanten, Ihren Kunden, Ihren Kindern, Ihrem Lebenspartner/Ihrer Lebenspartnerin, Ihren Freunden, was Sie von Ihnen erwarten. Gehen Sie nie davon aus, dass dies ja klar sei. Ihre Mitmenschen sind einerseits oftmals durch viele Dinge abgelenkt, und andererseits sind sie keine Gedankenleser.

Hinterfragen Sie Ihre Gewohnheiten

Als ich noch ein Angestellter war, machte ich jeden Samstag um 07.30 Uhr meine Wocheneinkäufe. Für mich als Arbeitnehmer war dies die einzige Möglichkeit, um einzukaufen. 07.30 Uhr war eine gute Zeit, denn der Supermarkt war noch nicht überfüllt. Dann gründete ich eine eigene Firma. Dies gab mir mehr Freiheit. Eigentlich hätte ich zu jeder Tageszeit einkaufen können. Aber selbst zwei oder drei Jahre nach der Gründung der Firma ging ich immer noch am Samstag Vormittag um 07.30 Uhr einkaufen – es war eine Gewohnheit. Erst später wurde mir klar, wie dumm es eigentlich war, am Samstag früher als sonst aufzustehen und zum Supermarkt zu fahren! Seit ich mir dessen bewusst wurde, handhabe ich es viel flexibler. Ich gehe an einem x-beliebigen Wochentag einkaufen, oder noch besser: ich benutze das Erfolgsprinzip des Delegierens und lasse jemand anderen für mich einkaufen.

Nun, was will ich Ihnen mit diesem ausführlichen Beispiel mitteilen? Ich will Ihnen damit sagen, dass Sie Ihre Gewohnheiten regelmäßig überprüfen und bewerten sollten, ob sie immer noch zeitgemäß sind. Unser Leben wandelt sich, und deshalb müssen auch unsere Gewohnheiten

Schritt halten. Nur weil Sie etwas schon immer so gemacht haben, bedeutet das noch nicht, dass es der richtige Weg wäre.

Ein weiteres Beispiel: Ein Bekannter, den ich noch von früher kenne, ist Inhaber einer kleinen Werbeagentur. Die Bürozeiten sind 08.00 Uhr bis 17.00 Uhr. Dieser Mann kommt am Morgen immer etwa 10 bis 15 Minuten zu spät, und am Abend geht er ein paar Minuten vor fünf Uhr. Das Gleiche hat er früher gemacht, als er noch Angestellter war. Aber jetzt ist er Firmeninhaber! Wenn er wollte, könnte er auch um 10 Uhr kommen, oder schon um 7.00 Uhr. Und auch am Abend könnte es nicht schaden, wenn er ab und zu mal etwas länger arbeitete, allein schon, um ein gutes Vorbild für seine Mitarbeiter zu sein. Aber diese Arbeitszeit-Gewohnheit ist zu tief in ihm verwurzelt.

Nun, ich bin sicher, wenn Sie sich unvoreingenommen selbstkritisch betrachten, werden Sie viele eigene Gewohnheiten entdecken, die heute keinen Sinn mehr machen. Seien Sie flexibel. Seien Sie offen für neue Ideen, neue Wege. Tun Sie ungewöhnliche Dinge. Schauen Sie sämtliche Bereiche Ihres Lebens an und treffen Sie bewusste Entscheidungen.

„Ask the client what he wants and give it to him"

In Amerika nahm ich vor Jahren an einem großen Symposion einer nationalen Jungunternehmer-Vereinigung teil. Einer der Referenten war Marc Cuban, ein Jungunternehmer, der soeben seine 30-Millionen-Dollar-Firma „MicroSolutions" verkauft hatte. Mit 31 Jahren! Seine Erfolgsformel war, wie er sagte: „Ask the client what he wants and give it to him" (auf deutsch: „Fragen Sie den Kunden, was er möchte, und geben Sie es ihm!"). Wir können nun noch ein bisschen umschreiben und analysieren, was damit genau gemeint ist: In einer Universitätsvorlesung würde man vielleicht sagen, man solle marktgerichtetes und nicht produktgerichtetes Marketing betreiben. Es soll also nicht das Produkt im Vordergrund stehen, sondern der Kunde und seine Bedürfnisse sind ausschlaggebend. Was für Produkte möchte der Kunde? In welcher Ausführung? Mit welchen Funktionen? Welches Design? Welche Farben? Was für Zubehör?

Dies sollte aber nicht nur an der Oberfläche geschehen, sondern auch noch etwas tiefer greifen. Der Kunde weiß ja oft noch gar nicht genau, was er möchte, weil es das Produkt, das seinen Vorstellungen entspricht, noch nicht gibt. Viele Menschen wussten z. B. nicht, dass und wie gut sie Hörbücher brauchen können, bevor sie einmal eine unserer Anzeigen oder einen unserer Fernsehspots sahen. Früher saßen sie in ihrem Auto, hörten Musikkassetten oder immer wieder die gleichen Nachrichten im Radio. Als man ihnen aber bewusst machte, wie gut sich diese Zeit für Weiterbildung nutzen lässt, waren sie begeistert. Von sich aus wären sie gar nicht auf die Idee gekommen.

Um es auf den Punkt zu bringen: Führen Sie regelmäßig formelle oder informelle Befragungen bei Ihren Kunden und potentiellen Kunden durch. Dies kann telefonisch, persönlich oder auch schriftlich mit einem besonderen Fragebogen geschehen. Wenn Sie eine Internet-Homepage haben, sollte dort auch eine Rubrik für Kundenbriefe sein. Dies haben wir auch. Außerdem legen wir jedem Paket, das wir beim Rusch Verlag verschicken, ein Blatt bei, auf welchem es eine Rubrik hat, die wie folgt beschriftet ist: „Anregungen? Ideen? Lob? Kritik? Dann schreiben Sie dies doch bitte hierhin und senden Sie den Coupon an uns zurück.

Wir vom Rusch Verlag freuen uns immer, von unseren Kunden zu hören." Wir tun dies, um es für unsere Kunden so einfach wie möglich zu machen, mit uns zu kommunizieren. Sie müssen sich nicht die Zeit nehmen, einen Brief zu schreiben, sondern können einfach ein paar Sätze auf den Coupon notieren. Vielleicht möchten Sie auch etwas ähnliches in Ihrer Firma einführen?

Kundennähe ist sicherlich auch einer der Gründe dafür, warum ich mit meinem Verlag Erfolg habe. Unsere Kunden sagen uns, wie sie die Hörbücher am liebsten haben möchten. Hier ist natürlich nicht eine Einzelmeinung ausschlaggebend, sondern das, was die Mehrheit aller Kunden sagt. Auch die Titelauswahl wird sehr, sehr stark durch unsere Kunden und Vertriebspartner beeinflusst. Und natürlich auch vom Presse-Echo auf die Bücher und ihre Autoren. Machen Sie sich also in jedem Fall die Regel „Fragen Sie Ihre Kundschaft, was sie will, und geben sie es ihr!" zunutze.

Sie sollten unbedingt auch stets offen sein für Ideen – nicht nur seitens der Kunden, sondern auch seitens des Marktes und anderer Branchen. Neue Ideen finden Sie überall, wenn Sie die Augen offen halten.

Win-Win-Win Philosophie

Meine persönlich Philosophie ist: „Win-win-win". „Win-Win-Win" heißt, alle beteiligten Seiten sollen gewinnen. Also z. B. der Kunde, der Lieferant und meine Firma sollen von der Transaktion profitieren. Niemand muss den Kürzeren ziehen. Jeder, der mir einen Nutzen bringt, soll selber auch einen Nutzen haben. Ich bemühe mich sehr intensiv, dass immer alle Konten ausgeglichen sind.

Gleiches empfehle ich Ihnen. Dank Win-Win-Win fühlen Sie sich gut, und die Arbeit macht Ihnen auch Spaß. Ich baue gerne andere Menschen auf, die dann wiederum mich aufbauen. Zeigen Sie Dankbarkeit! Wenn jemand etwas für Sie tut, dann sagen Sie „Danke!" – ein kleines Wort mit einer großen Wirkung. Benutzen Sie dieses Wort so oft wie möglich, aber nicht mechanisch, sondern ehrlich. Schließlich sind Sie ja dankbar, wenn ein Kunde bei Ihnen etwas bestellt oder wenn Ihnen ein Mitarbeiter einen Bericht übergibt. Nichts ist selbstverständlich. Aber im Gegenzug sollten Sie von anderen Menschen keineswegs immer Dankbarkeit erwarten, wie Dale Carnegie schon sagte. Sie sind von Durchschnittsmenschen umgeben. Die meisten Menschen werden Ihnen nicht danken für das, was Sie für sie tun. Zumindest nicht direkt. Deshalb sind Sie am besten dran, wenn Sie selbst keine Dankbarkeit erwarten. Sie als Erfolgsmensch zeigen aber trotzdem Dankbarkeit. Machen Sie es sich zur Gewohnheit! Wenn jemand für Sie etwas Außergewöhnliches getan hat, empfehle ich, noch einen Schritt weiter zu gehen und eine Dankeskarte oder einen Dankesbrief oder ein Danke-Fax zu schreiben. Es kann auch ein E-Mail sein. Und in besonderen Fällen machen Sie ein Geschenk. Schenken Sie Pralinen, Blumen, eine Kassette oder sonst etwas Passendes. Seien Sie dabei großzügig!

Ein freier Mitarbeiter hat kürzlich in einer Sitzung einen besonders wertvollen Beitrag geleistet. Ich habe dann sofort reagiert und ihm eine Schachtel Pralinen zusammen mit einem Dankesbrief geschickt. Ich habe von jemandem gehört, der von seinem Chef einen *Porsche* geschenkt bekommen hat. Als Dank für einen sehr großen Auftrag, den er „an Land gezogen" hatte. Eine Prämie für solch einen Erfolg war nicht vereinbart. Das Geschenk kam als Überraschung aus heiterem Himmel. Sie können sich vorstellen, wie beigeistert dieser Mann jetzt von seiner Firma ist. Und ganz klar – jetzt wird er sicherlich noch intensiver, noch engagierter arbeiten!

Nicht nur bei Mitarbeitern, sondern auch bei Kunden sollte man großzügig sein. Aber Geschenke sollen sinnvoll gewählt werden. Ich bin immer überrascht, wie viel manche Firmen für Weihnachtskarten, für Kalender usw. ausgeben. Man wird doch schließlich überschwemmt von Weihnachtskarten und schaut sich dann jede Karte nur etwa zwei Sekunden lang an. Und meist braucht man nur *einen* Kalender, die übrigen werden weggeworfen.

Dieses Geschenk-Budget könnte man gezielter einsetzen. Wie oft haben Sie schon eine Dankeskarte bekommen, weil Sie eine große Bestellung getätigt haben? Noch nie? Selten? Was kann man sonst noch für Kundengeschenke einsetzen? Wählen Sie sorgfältig aus. Denken Sie über diese Thematik nach, und erstellen Sie ein Kundengeschenk-Konzept.

Schaffen Sie sich keine Feinde

Jetzt kommen wir zum Thema „Feinde". Mein Tipp: Schaffen Sie sich, wenn irgend möglich, *keine* Feinde. Es ist nicht immer einfach, aber doch zu schaffen! Vielleicht müssen Sie sich manchmal entschuldigen. Das lohnt sich. Dabei fällt Ihnen kein Zacken aus der Krone. Ein Feind ist wie eine Zeitbombe – irgendwann geht sie hoch. Deshalb ist es besser, wenn man überhaupt keine Feinde hat. Was nämlich passieren kann, ist, dass zum Beispiel Ihr Feind die Stelle wechselt und dann plötzlich bei Ihrem besten Kunden eine

Schlüsselposition einnimmt. Die Welt ist klein. Deshalb ist es besser, wenn man niemandem auf die Füße tritt.

Man kann nicht jede Person mögen. Deshalb rate ich Ihnen, dass Sie Personen, die nicht auf der gleichen Wellenlänge sind wie Sie, einfach aus dem Weg gehen. Wenn Sie mit diesen Personen zusammenarbeiten, dann halten Sie die Gespräche möglichst kurz, höflich und formell. Vermeiden Sie Auseinandersetzungen.

Belohnen Sie effiziente und effektive Mitarbeiter

Wenn Sie Arbeitgeber sind und Sie haben das Glück, dass bei Ihnen effiziente und effektive Mitarbeiter tätig sind, dann müssen diese auch unbedingt entsprechend belohnen. Stellen Sie auch nicht immer den billigsten Mitarbeiter ein – nehmen Sie lieben den besten. Der kostet Sie vielleicht 20 oder 30 Prozent mehr, leistet aber dann 100 Prozent mehr. Daniel M. Frei benutzt oft die amerikanische Redewendung: „When you pay peanuts, you get monkeys." Frei übersetzt heißt das: Wenn Sie wenig bezahlen, erhalten Sie in der Regel auch nur geringen Gegenwert.

Ja, das kann ich bestätigen. Für die gleiche Aufgabe kann ein Mitarbeiter drei Stunden und ein anderer 10 Stunden benötigen. Es hängt natürlich von verschiedenen Faktoren ab, unter anderem von

1. der Gewohnheit, schnell zu arbeiten
2. einer gewisse Intelligenz, welche schnelles Denken und Handeln zulässt
3. der eigenen Motivation
4. dem nötigen Fachwissen
5. der Berufs- und Lebenserfahrung.

Wenn Sie also einen wirklich effizienten und effektiven Mitarbeiter haben, dann lohnt es sich schon, ihn für seine Dienste fürstlich zu bezahlen, mag dies nun ein hohes Gehalt, ein Monatsbonus oder eine andere Entschädigung sein wie Seminar-Tickets, Hörbücher oder eine Geschäftsreise in die Karibik.

Bob Fifer, der Autor des Hörbuches „Was zählt, ist der Gewinn", sagt, dass man zwar alle Mitarbeiter zur Gewinnorientierung und zum Verzicht auf verschwenderische Annehmlichkeiten und überflüssige Nebenleistungen auffordern soll, jedoch gleichzeitig den Mitarbeitern das Gefühl geben, dass sie aus der Schaffung eines besonders ertragreichen Unternehmens auch selbst einen Nutzen ziehen in Form eines guten leistungsbezogenen Verdienstes. Er glaubt an harte Arbeit, aber nicht an Überstunden. Er glaubt an Gewinn und Effizienz, aber nicht an Verschwendung. Er glaubt an das Leistungsprinzip – belohnt wird, wer es verdient. Seine Firmenphilosophie ist, auf überflüssige Nebenleistungen (man gewöhnt sich daran, zweiter Klasse zu reisen und gebrauchte Möbel zu benutzen) zu verzichten, gleichzeitig aber ein sehr hohes Gehalt zu beziehen.

Das ist ein interessanter Weg, den auch ich in meinen Firmen beschreite. Eines ist aber wichtig: Wenn Sie hohe Gehälter bezahlen, dann müssen die betreffenden Mitarbeiter natürlich Spitzenleistungen erbringen, die Sie in regelmäßigen Abständen überprüfen sollten. Es kann nämlich auch passieren, dass die Leistungen plötzlich abflachen – und dann muss man einschreiten.

Das Gehörte gilt aber nicht nur für Mitarbeiter, sondern auch für Lieferanten. Hier ein Beispiel aus meinem Verlag: Wir könnten in einem viel günstigeren Studio arbeiten mit einem günstigeren Tonmeister. Jeden Monat bekommen wir Anfragen. Aber wir lehnen ab und bezahlen lieber ein wenig mehr. Dafür aber haben wir tolle Akustik und einen intelligenten, engagierten Tonmeister, der mitdenkt. Auch bei der Auswahl der Kopierwerke setzen wir lieber gute Kopierwerke in der Schweiz und in Deutschland mit BASF-Qualität ein und bezahlen dafür etwas mehr, damit unsere Kunden auch wirklich die besten Kassetten und CDs erhalten.

Also, meine Damen und Herren, überlegen Sie, wie Sie diese vielen Tipps zur Effizienz und Effektivität bei sich anwenden können. Ich hoffe, Sie können von diesem wichtigen Beitrag profitieren!

Lesen Sie Gebrauchsanweisungen!

Ein Mitarbeiter der Umberto Saxer Training AG gab in einem Internet-Forum-Beitrag den Tipp, Handbücher zu lesen. Ich zitiere: „Ob Sie nun mit einem Computerprogramm arbeiten, mit einem Staubsauger, Auto, Telefon ... was auch immer: Lesen Sie das dazugehörige Handbuch! Auch wenn man nicht glaubt, dass man sich das alles merken kann, es bleibt ein großer Teil der Informationen hängen, und oft bedient man dann das Programm, das Werkzeug oder was auch immer richtig, ohne zu wissen, warum. Schon oft habe ich bei irgendeiner Aufgabe plötzlich den Geistblitz gehabt ‚Huh, da habe ich doch im Handbuch von Programm X gelesen, dass man so etwas so und so machen kann!' Und wieder habe ich eine halbe Stunde nervtötender Sucherei gespart!" Er meint, dass er die zwei oder sogar fünf Stunden, die er in die triste Lektüre von Gebrauchsanweisungen investiert, wieder spielend hereinholt. Ich kann ihm da nur zustimmen. Sie müssen natürlich schon entscheiden, bei welchen Geräten sich die Lektüre der Gebrauchsanweisung lohnt. Aber in vielen Fällen ist es schon sinnvoll, die Gebrauchsanweisung zu lesen. Die meisten Menschen tun es jedoch nicht. Insbesondere Männer meinen, Sie brauchten das nicht. Aber wenn Sie bedenken, dass, wie gesagt, 95 Prozent aller Videobenutzer diesen nicht programmieren können, dann ist das ziemlich schade.

Gibt es bei Ihrem Fax-Gerät Kurzwahl-Nummern für die Nummern, die Sie am häufigsten anwählen? Haben Sie diese programmiert? Und Ihr Telefon im Büro – beherrschen Sie alle nützlichen Funktionen? Wie sieht mit Ihrem Mobiltelefon aus? Überlegen Sie sich am besten gleich jetzt, welche Gebrauchsanweisungen Sie in diesem Monat einmal genauer studieren möchten, und setzen Sie das gleich auf Ihre Aktivitäten-Liste.

Da leider die Gebrauchsanweisungen meist sehr leserunfreundlich geschrieben sind, hat der Mitarbeiter der Umberto Saxer Training AG noch einen Trick auf Lager. Bei jedem „Machen Sie dies so und jenes so"-Abschnitt, stellt er sich eine Situation vor, in der er genau die beschriebene Handhabung benötigt. Die ganze Situation spielt er im Kopf mit Menschen, die daran arbeiten. Er schließt sich in diese Szene mit ein. Dann geht er in seinen Gedanken genauso vor, wie es in der Gebrauchsanweisung beschrieben wurde.

Aber ich hoffe trotzdem, dass die Hersteller-Firmen endlich den Gebrauchsanweisungen den gleichen Stellenwert einräumen wie einem Werbe- oder Aktionärsprospekt. Eine Gebrauchsanweisung sollte auch 4-farbig, übersichtlich gestaltet, mit verständlichem Text und mit schönen Fotos und Grafiken versehen sein. Und vor allem sollten sich die Instruktionen sehr einfach nachzuvollziehen lassen. Mit

anderen Worten – eine Gebrauchsanweisung darf keinesfalls von einem Ingenieur geschrieben sein, sondern sollte
von einem Redakteur oder Werbetexter verfasst werden.
Und zwar in einfacher, klarer Sprache.

Am besten ist natürlich eine Gebrauchsanweisungs-
kassette, die man sich dann bequem anhören kann. Im Moment sind es noch nicht viele Firmen, die ihren Kunden solche Gebrauchsanweisungskassetten anbieten, aber es
werden immer mehr. Einige dieser Kassetten werden ja sogar von meiner Firma produziert – im Auftrag der Firmen,
die das beschriebene Produkt herstellen.

Teil 3 Gesundheit und Wohlbefinden

Vorwort von Dr. Ulrich Strunz

Erfolg macht Spaß. Erfolg macht fröhlich. Erfolg – der süße Duft des Erfolges – macht uns glücklich. Schon im Sandkasten haben Sie gestrahlt, wenn Ihnen die Sandburg gelungen war, wenn Sie Erfolg hatten. Mit spielerischer Leichtigkeit. Erfolg ist leicht, ist einfach. Erfolg ist etwas Normales. Natürliches.

Ihre Kindheitstage sind ein wundervoller Beweis für diese verblüffende Einsicht. Sie hatten täglich Erfolg, täglich gelang Ihnen etwas Neues – damals –, und Sie haben dabei fröhlich gekräht und gejauchzt. Erinnern Sie sich? Weshalb war damals einfach, was heute für viele Menschen schwierig, oft unmöglich ist: Erfolg zu haben?

Sie wurden geführt, damals als Kind, geleitet, angeleitet von Ihren Eltern. Täglich. Gelenkt. Von außen, von Ihren Eltern. Und – ganz nebenbei – auch von innen. Von Ihrem Unterbewusstsein. Von der stärksten Kraft der menschlichen Existenz. Dem Unterbewusstsein, welches beim Kind bis zum 4. Lebensjahr offen steht und ungehindert ins Leben agiert. Kurz – wir hatten als kleine Kinder Hilfe, Anleitung, Ratgeber von außen wie von innen.

Die haben wir heute – als Erwachsene – in der Regel nicht mehr. Sie erfahren es täglich, und Sie glauben es wirklich, dass Sie allein dastehen. Und deshalb ist Erfolg so mühsam geworden. Weil Sie ihn selbst anstreben müssen, selbst machen müssen, dafür arbeiten und rackern müssen. Glauben Sie zumindest.

Erinnern Sie sich an Ihre Kindheit. Holen Sie Hilfe. Tun Sie, was Sie als Kind getan haben. Hören Sie zu, lassen Sie sich anleiten. Damals von Ihren lebenserfahrenen Eltern – heute von Lehrern, von Ratgebern, die die Gesetze des Erfol-

ges studiert, verinnerlicht und angewandt haben. Und nachweislich praktizieren.

Solch ein Lehrer, ein praktizierender Fachmann, ist Alex S. Rusch. Ein beneidenswert junger, dynamischer Mann, der phänomenalen Erfolg hat. Der täglich beweist, das Erfolg machbar ist. Der in wenigen Jahren ein Unternehmen aufgebaut hat, klein, fein, aber europa-, ja weltweit agierend und bekannt. Und der sein praktisches Wissen weitergibt. An Sie. Jetzt. Mit diesem Buch.

Ein junger, dynamischer, erfolgreicher Mann. Ihr Lehrer. Nehmen Sie seine Ratschläge wörtlich. Wählen Sie aus der Fülle der von ihm geprüften Tipps diejenigen, die Ihnen spontan zusagen – und tun Sie's einfach.

Viel Erfolg, noch mehr Erfolg, und Spaß dabei wünscht Ihnen Ihr

Ulrich Strunz.

www.vitalmind.net

Dr. Ulrich Strunz gilt als Deutschlands Fitness-Experte Nr. 1

Befassen Sie sich unbedingt mit dem Thema Gesundheit und Wohlbefinden

Wenn Sie sich nicht guter Gesundheit erfreuen, so sind Sie weniger leistungsfähig und weniger kreativ und somit verringern sich auch Ihre Erfolgschancen. Ebenfalls ist Ihr persönliches Wohlbefinden wichtig, um wirkliche Spitzenleistungen erzielen zu können. Und damit Sie sich später auch wirklich in Ihren Erfolgen sonnen können, brauchen Sie Gesundheit. Was nützt Ihnen Reichtum und Wohlstand, wenn Sie geschwächt und kränklich sind! Deshalb widme ich einen bedeutenden Teil dieses Buchs dem Thema Gesundheit und Wohlbefinden.

Viele Menschen interessieren sich nicht für dieses Thema, solange sie gesund sind. Wenn die Gesundheit aber nachlässt, dann ist es leider oft zu spät. Seien Sie gut zu Ihrem Körper! Dies bedarf am Anfang einer gewissen Anstrengung, aber schon bald wird es zur angenehmen Gewohnheit. Dann können Sie gar nicht mehr anders, als sich gut zu behandeln. Je früher Sie mit der Gewohnheit zum gesunden Leben anfangen, desto besser. Erziehen Sie Ihre Kinder von Anfang an zu gesundheitsbewussten Menschen.

Regelmäßig und richtig Sport treiben

Die vielleicht wichtigste Maßnahme, um Gesundheit und Wohlbefinden zu erreichen und aufrecht zu erhalten ist, regelmäßig und richtig Sport zu treiben.

Ich möchte Ihnen sehr empfehlen, mindestens dreimal wöchentlich sportliche Betätigung in Ihren Wochenplan einzubauen. Während dieser Zeit sollten Sie 20 bis 30

Minuten einen erhöhten Pulsschlag haben. Die vier besten Sportarten für diesen Zweck sind:

- Jogging
- Schwimmen
- Radfahren
- Ski-Langlauf

Sport zu treiben bringt Ihnen vier entscheidende Vorteile, deren Sie sich vielleicht gar nicht bewusst sind, nämlich:

1. Verstärkte Abwehrkräfte gegen Krankheiten.
2. Wohlbefinden – also sich einfach besser fühlen.
3. Erhöhte Leistungsfähigkeit.
4. Länger jung bleiben und besser aussehen.

Wenn Sie am Abend müde und erledigt nach Hause kommen und trotzdem eine Stunde Sport treiben, dann sind Sie nachher wieder voll da. Das bedeutet, dass Sie dann wirklich den Feierabend genießen können. Sie fühlen sich ganz einfach gut nach dem Sport. Sie entwickeln Ideen, Sie sind kreativ, Sie sind entspannt. Neben den erwähnten Ausdauersportarten sollten Sie auch etwas tun, um Ihren Körper stärker und beweglicher zu machen, z. B. Liegestütz, Gewichtstraining und diverse Freiübungen vor und nach dem Ausdauertraining.

Ich persönlich treibe meistens am Abend Sport, fünf oder sechs Mal pro Woche. Ich trainiere in verschiedenen Sportarten: einerseits, damit es nicht langweilig wird, und andererseits, damit mein Körper in verschiedenen Bereichen trainiert wird. Am Abend bin auch ich müde. Aber nach dem Sport bin ich wieder voller Energie und kann dann weitere drei oder vier Stunden arbeiten. So komme ich dann auf 12 bis 14 Stunde *produktive* Arbeitszeit pro Tag. Ohne Sport wäre das nur schwer möglich! Nach dem

Sport erledige ich oft kreative und konzeptionelle Arbeiten: Ich texte eine Anzeige, schreibe an einem Vorwort, erledige wichtige Korrespondenz oder entwickle Konzepte.

Es bleibt Ihnen überlassen, ob Sie lieber frühmorgens, während der Mittagspause oder am Abend Sport treiben. Ihr Körper wird Ihnen sagen, wann es am besten ist. Und natürlich auch Ihr Terminkalender. Wichtig ist, dass Sie es tun. „Ich habe keine Zeit" ist eine schlechte Ausrede. Sie haben auch Zeit zum Zähneputzen, zum Essen und zum Schlafen. Sport gehört auch in diese Kategorie. Also ein Muss, das auch Teil Ihres Tagesplanes sein sollte.

Als ich in die Berufswelt eintrat, hatte ich bald öfters Rückenschmerzen und Verspannungen infolge der Schreibtischarbeit. Ich fing an, jeden Tag 15 Minuten Rückenübungen zu machen. Die Rückenschmerzen und Verspannungen nahmen ab. Heute bereitet mir mein Rücken keine Beschwerden mehr, solange ich mindestens jeden zweiten Tag diese 15 Minuten lang Rückenübungen mache. Wie sieht es mit Ihrem Rücken aus?

Stress an sich ist nicht schädlich. Er baut jedoch im Körper Adrenalin auf, das nur durch Sport wieder abgebaut werden kann. Außerdem steigert regelmäßiger Sport Ihre Leistungsfähigkeit und macht Sie belastbarer. Sport ist für Sie entspannender als Fernsehen. Fernsehen ist nämlich geistige Arbeit und keinesfalls entspannend. Daran denkt man oft nicht. Wenn Sie gestresst sind, dann ist Sport sogar eine bessere Entspannung als Schlafen. Ja! Denn dabei kann das Adrenalin abgebaut werden.

Hier noch ein persönlicher Tipp: In meinem Tagesplan steht immer als letzter Eintrag, welchen Sport ich an diesem Tag gemacht habe oder machen werde. Am Ende der Woche sollten dann fünf oder sechs Tage mit Sportarten beschriftet sein. Ein oder zwei Tage pro Woche vergehen ohne Sport, damit mein Körper sich ausruhen kann. Sport sollte zur Gewohnheit werden. Man muss regelmäßig und häufig Sport treiben. Sport nur am Wochenende – das reicht nicht. Das System mit dem Terminkalender hat sich für mich bewährt. Es zwingt mich, auch wirklich regelmäßig Sport zu treiben. Wäre dieses System auch etwas für Sie?

Nicht zu schnell joggen!

Ich möchte Ihnen hier noch etwas sehr Interessantes zum Thema Herz-/Kreislauf-Sportarten näher bringen. Es geht hier um allgemein bekanntes Wissen, das den meisten eben doch nicht bekannt ist. Ich stelle das fest, wenn ich Leute beim Jogging beobachte. Die meisten Jogger sind nämlich zu schnell. Ja, und dies hat dann zur Folge, dass sie kein Fett, sondern Kohlenhydrate verbrennen. Dies habe ich von Dr. Ulrich Strunz, der als Deutschlands Fitness-Experte Nr. 1 gilt, zum ersten Mal erfahren.

Der Kölner Sportmediziner Prof. Rost fing gemäß Dr. Strunz im Kölner Stadtpark 50 Führungskräfte von Ford ein, die dort während der Mittagspause joggten. Er nahm ihnen einen Tropfen Blut ab und stellte fest, dass alle diese Führungskräfte während dem Jogging kein einziges Gramm Fett verloren. Warum? Weil sie zu schnell joggten, wie dies leider die meisten Menschen tun. Dr. Strunz drückte dies wie folgt aus: „Diese Führungskräfte kannten die Gebrauchsanweisung für ihren Muskel nicht: Muskeln verbrennen Fett nur im Stauerstoffüberschuss, also wenn man langsam läuft, mit einem Pulsschlag von in der Regel unter

140. Darüber bedient sich der Muskel aus dem Reservetank der Kohlenhydrate. Das ist im Blut leicht nachweisbar." Ein Pulsschlag von 140 ist nur ein Richtwert. Den genauen Wert sollten Sie von Ihrem Sportarzt ermitteln lassen. Es kann ja sein, dass Sie bereits bei 130 kein Fett mehr verbrennen oder aber vielleicht erst bei 155. Daher lohnt sich ein Besuch beim Sportarzt. Setzen Sie es auf Ihre Aktivitätenliste!

Übrigens, wenn Sie das nächste Mal einen Jogger sehen, der außer Atem ist, dann wissen Sie, dass er nicht mehr im Stauerstoffüberschuss läuft. Bei der richtigen Geschwindigkeit sind Sie immer noch in der Lage, eine Konversation zu führen. Es hat also gleich zwei Vorteile: Einerseits verbrennen Sie wirklich Fett und andererseits können Sie mit einem Partner oder einer Partnerin sogar noch ein Brainstorm-Meeting abhalten, wie ich dies manchmal tue. Vergessen Sie dann nicht, Bleistift und Papier mitzunehmen, denn wahrscheinlich werden Sie durch den Herz-Kreislauf-Effekt einige sehr wertvolle Ideen generieren.

Gesunde Ernährung ist entscheidend

Neben Sport ist die Ernährung einer der wichtigsten Gesundheitsfaktoren. Wenn Sie regelmäßig Sport treiben und sich gleichzeitig auch noch gesund ernähren, dann haben Sie schon einen sehr großen Beitrag zu Gesundheit und Wohlbefinden geleistet. Wie beim Sport gilt: Gesunde Ernährung muss zur Gewohnheit werden. Dies geschieht natürlich nicht über Nacht, sondern in kleinen Schritten. Der Experten-Tipp ist, wie Sie sicherlich schon gehört haben: jeden Tag Früchte, Gemüse und Vollkornprodukte zu essen. Fangen Sie noch heute damit an, einzelne Bereiche

Ihrer Ernährung umzustellen – Schritt für Schritt. Einen Apfel statt eines Schokoriegels. Einen Salat statt eines Desserts. Mineralwasser statt Cola. Kleine Schritte, die Ihnen auch zusagen müssen! Gesunde Ernährung zahlt sich wirklich in vieler Hinsicht aus. Sie sind viel seltener krank, Ihr Magen bereitet Ihnen weniger Unbehagen, Sie sehen besser aus, haben mehr Energie und Sie fühlen sich allgemein wohler.

Ich möchte noch kurz den Aspekt Gewichtsabnahme streifen. Die goldene Regel der Experten lautet: „Diäten funktionieren nicht!" – Warum? Weil eine Diät zeitlich begrenzt ist. Danach kehrt man wieder zu alten Gewohnheiten und damit zum alten Gewicht zurück. Außerdem sind gewisse Diäten gesundheitsschädigend, da Sie zu einseitig sind. Lassen Sie also die Finger weg von Diäten. Wenn Sie schlank sein möchten, dann müssen Sie Ihren ganzen Lebensstil ändern. Dazu gehört die Beachtung folgender Regeln:

1. Essen Sie gesund und ausgewogen (vorwiegend Früchte, Gemüse, Salate und Vollkornprodukte).
2. Essen Sie nur, bis Sie satt sind (für viele Leute heißt das: nur 50 Prozent der Nahrung, die Sie normalerweise zu sich nehmen).
3. Treiben Sie Sport (aber beachten Sie, dass Sport nur schlank macht, wenn die Punkte 1 und 2 auch eingehalten werden).
4. Reduzieren Sie den Fettanteil in Ihrer Nahrung, denn „Fett macht fett".

Übrigens, wenn Sie sich vorwiegend gesund ernähren, dann ist gegen kleine Sünden nichts einzuwenden. Aber achten Sie einfach darauf, dass die Sünden klein bleiben. Es ist alles nur eine Sache der Gewohnheit. Wenn ich früher in eine Pizzeria ging, nahm ich einen kleinen Salat und eine große Pizza. Jetzt, da ich gesundheitsbewusster geworden bin, mache ich es genau umgekehrt. Jetzt nehme ich eine Mini-Pizza und einen Salat-Teller. Der Genuss ist ähnlich, aber einiges gesünder. Es sind die kleinen Verbesserungen, die große Wirkung zeigen! Ich weiß, Pizza ist ungesund ... Aber ein bisschen Genuss muss sein. Wenn es dort übrigens keine kleine Pizza auf der Karte hat, dann nehme ich eben die Kinder-Portion. Der Kunde ist schließlich König. Oder wenn es dies auch nicht gibt, habe ich noch zwei Möglichkeiten:

1. Ich teile die Pizza mit jemandem – oder:
2. Ich lasse die halbe Pizza stehen, was eben etwas Selbstdisziplin erfordert.

Das Resultat: Ich bin nach dem Essen nicht so müde, wie ich es sonst wäre nach einer großen Pizza. Es ist alles nur eine Frage der Strategie.

Obwohl ich sehr gesund esse und beinahe jeden Tag Sport treibe, nehme ich auch regelmäßig Süßigkeiten zu mir. Ich befolge dabei zwei Regeln:

1. Qualität vor Quantität. Mit anderen Worten: Ich esse nur noch sehr gute Süßigkeiten. Süßigkeiten, die ich besonders mag, dafür aber weniger. Ich kaufe mir diese Süßigkeiten meist in einer teuren Confiserie.
2. Ich esse nur dann, wenn mein Körper danach verlangt – also wenn er mir sagt, er will etwas Süßes. Und ich esse nur so viel, wie mein Körper will. Danach höre ich auf.

Aber ich bin auch nur ein Mensch und muss mich manchmal selbst ein wenig überlisten. Manchmal kaufe ich mir meine Lieblingstorte und lege einen Teil davon ins Gefrierfach, damit ich keinesfalls zu viel davon esse. Wenn es nämlich gefroren ist, dann dauert es recht lange, bis es aufgetaut ist. Ich kann es also in der Zwischenzeit nicht essen. Aber ich muss sagen – seit ich so gesund lebe, habe ich viel weniger Lust auf Süßigkeiten. Oftmals ziehe ich eine Melone oder Ananas einem Eis vor. Manchmal muss es trotzdem etwas Süßes sein, und das gönne ich mir dann auch.

Beachten Sie auch, dass Sie wahrscheinlich viele ungesunde Dinge essen, und zwar aus Gewohnheit. Habe ich Recht? Früher aßen Sie dieses oder jenes vielleicht einmal gerne, jetzt aber eigentlich nicht mehr. Trotzdem essen Sie es weiterhin. Vielleicht hatten Sie es früher ja auch nur gerne, weil Ihre Eltern es als Belohnung eingesetzt haben. Mögen Sie die Gummibärchen oder den Kaugummi wirklich noch so sehr? Und sind Sie wirklich immer noch ein Fan von Pommes? Oder sind dies einfach noch Gewohnheiten von früher, die einerseits ungesund sind und Ihnen andererseits gar nicht mehr den Genuss bringen, den Sie früher dabei verspürten. Hinterfragen Sie alle Ihre Essgewohnheiten!

Hier noch eine kleine Anregung zum Thema Schlankheit. Vielleicht leben Sie inzwischen gesünder: Sie treiben mehrmals in der Woche Sport, Sie essen viele Früchte und Gemüse, und Sie trinken vorwiegend Wasser. Aber trotzdem sind Sie nicht ganz so schlank, wie Sie sein möchten. Woran liegt dies?

Vielleicht essen Sie ja auch über den Hunger hinaus, wie ich früher? Ich wurde mir dessen erst bewusst, als ich aufgrund einer ambulanten Operation für fast drei Wochen das Haus nicht verlassen konnte. Während dieser Zeit hatte ich kaum Hunger und aß daher relativ wenig. Ich ließ mir von Mitarbeitern nur Früchte, Gemüse und Vollkornprodukte einkaufen, weil ich ja keine ungesunden Sachen im Laden sah, die mich anlachten. Dies hatte zur Folge, dass ich weniger aß und zudem noch ein wenig gesünder als sonst. Das Resultat war wie folgt: Obwohl ich während dieser Zeit keinen Sport treiben durfte, nahm ich zwei Kilo ab und erreichte somit das Gewicht, das ich als 15-Jähriger hatte. Und ich fühlte mich enorm wohl, weil keine schwerverdaulichen Speisen mehr in meinem Körper waren.

Sport ist zwar wichtig für den Körperbau und die Glückshormone, aber wenn man wenig Fett im Körper haben möchte, dann muss man schon seine Ernährung optimieren. Sie wissen ja, dass man eine halbe Stunde joggen muss, um nur einen einzigen Schokoriegel wegzutrainieren. Also – probieren Sie es aus: Essen Sie viel weniger und möglichst nur gesunde Sachen. Und Sie werden sehen, was passiert!

Möglicherweise essen auch Sie regelmäßig über den Hunger hinaus – eine anerzogene Gewohnheit aus Kindertagen, als Ihre Eltern darauf bestanden, dass Sie Ihren Teller leer essen. Es wurde Ihnen zur Gewohnheit, und diese ist so stark, dass Sie sie nicht mehr loswerden können. Ich weiß, wovon ich spreche, denn es geht mir auch so: Ich muss mich regelrecht zwingen, nicht den Teller leer zu essen. Es ist so stark verankert in meinem Gehirn. Hier muss eben auch die bekannte Regel zum Tragen kommen: „Höre auf Deinen Körper!" Der Körper sagte Ihnen schon als Baby, wann Sie genug hatten. Aber vielleicht haben Ihre Eltern nicht auf Sie gehört. Auch jetzt sagt Ihnen Ihr Körper immer noch, wann Sie satt sind.

Ihr Körper kann Ihnen vieles sagen. Er sagt Ihnen nicht nur, ob Sie satt sind oder nicht, sondern auch ob Sie etwas vertragen oder nicht. Er wird Ihnen zum Beispiel beim ersten Bissen sagen, ob das, was Sie zu sich nehmen, gut für ihn ist oder nicht. Wenn Sie dann nicht auf Ihren Körper hören, tragen Sie eben die Konsequenzen. Auch bei so genannten ungesunden Dingen wie Süßigkeiten gibt es große Unterschiede, was die Verträglichkeit betrifft. Und auch hier kann Ihnen Ihr Körper beim ersten Bissen sagen, wie gut er etwas verträgt.

Beachten Sie aber unbedingt dies: Die Gesundheitsexperten haben erforscht, dass der Körper das Sättigungsgefühl erst mit 20 Minuten Verzögerung meldet. Daraus folgt, dass es sehr empfehlenswert ist, häufiger kleinere Mahlzeiten zu sich zu nehmen. Und – wenn möglich – die Mahlzeiten zu strecken: also zum Beispiel erst die Vorspeise zu nehmen und eine Stunde später die Hauptspeise. Dies können Sie gut machen, wenn Sie zu Hause sind. Aber auch wenn Sie unterwegs sind: Sie essen zum Beispiel einen kleinen Salat im Restaurant, dann machen Sie Besorgungen oder nehmen einen Termin wahr, danach gehen Sie für die Hauptmahlzeit wieder in ein Restaurant. Oder Sie nehmen ein gesundes Sandwich mit von zu Hause.

Früher, als die meisten Menschen Bauern waren und schwere körperliche Arbeit verrichteten, musste man viel essen, weil man ja auch viele Kalorien verbraucht hat. Heute ist es aber anders. Wenn man den ganzen Tag über im Büro sitzt, dann im Auto und dann zu Hause, verbraucht man weitaus weniger Kalorien. Die Grundregel für beinahe alle von lautet also: Weniger essen! Punkt. Und besser noch: Weniger essen, aber vorwiegend gesunde Sachen!

Schämen Sie sich nicht, wenn Sie einmal den Teller halbvoll stehen lassen. Sie können dies ja der Person, die gekocht hat, auch erklären. Es geht hier schließlich um Ihr

Wohlbefinden. Und nicht nur darum – es geht auch um Ihr Selbstwertgefühl. Wenn Sie vollkommen schlank sind, haben Sie ein höheres Selbstwertgefühl.

Genügend Flüssigkeit, vorwiegend Wasser

Wichtig ist auch, dass Sie jeden Tag genügend Flüssigkeit zu sich nehmen, am besten in Form von Wasser. Wenn wir unter Stress stehen, dann funktioniert unser natürliches Durstgefühl nicht. Das ist ein Problem. Es ist mir auch schon passiert, dass ich den ganzen Tag bis am frühen Abend überhaupt nichts getrunken habe. Das ist nicht gut für den Körper.

Ich habe deshalb einen Weg gefunden, wie ich zu genügend Flüssigkeit komme. Für jeden Tag habe ich eine 1 1/2-Liter-Flasche mit Mineralwasser. Am Vormittag öffne ich sie und trinke dann mehr oder weniger den ganzen Tag über daraus, bis ich schlafen gehe. Ich nehme die Flasche überallhin mit, auch ins Auto. Da es nur *eine* Flasche ist, habe ich den Überblick. Ich weiß am Abend genau, wie viel ich getrunken habe.

Viele Menschen in Büros trinken den ganzen Tag lang nur Kaffee. Kaffee ist aber kein Ersatz für Wasser. Sie nehmen auf diese Weise viel zuviel Koffein zu sich, bis Sie genügend Flüssigkeit aufgenommen haben (das große Problem bei Koffein ist zudem, dass es wertvolle Vitamine und Nährstoffe aus Ihrem Körper ausschwemmt). Und mit Wein oder Bier nehmen Sie viel zuviel Alkohol zu sich, bis Sie Ihren Flüssigkeitsbedarf gedeckt haben. Fruchtsäfte sind zwar gesund, aber auch kein Ersatz für Wasser aus den gleichen Gründen. Eistee enthält zwar viel Wasser, aber leider viel zuviel Zucker und außerdem noch Koffein. Deshalb ist Wasser der ideale Durstlöscher.

Experten sagen, dass wenn wir den ganzen Tag in regelmäßigen Abständen Wasser trinken, dann sind wir nicht nur gesünder, sondern bekommen auch mehr Energie. Außerdem soll es gut für unser Aussehen sein. Professionelle Models trinken oftmals viel Wasser, weil so die Haut schöner wird. Aber: Trinken Sie auch nicht zuviel. Zuviel ist genau so schlimm wie zuwenig. Überschwemmen Sie Ihren Körper nicht!

Eigene Zwischenverpflegung für Reisen

Nehmen Sie immer eigene Zwischenverpflegung mit, wenn Sie auf eine Flugreise, eine Bahnreise, auf einen Ausflug oder ins Hotel gehen – und damit meine ich Früchte und Vollkornbrot. Sie wissen schließlich nie, ob Ihr Hotel auch tatsächlich frische Früchte hat. Und Vollkornbrot finden Sie leider an solchen Orten auch äußerst selten. Auch Wasserflaschen (Mineralwasser) sollten Sie mitnehmen, damit Sie genügend trinken. Unterwegs trinkt man nämlich meist nicht genügend Wasser, wenn man nur beim Essen etwas trinken kann und ohnehin noch viel dafür bezahlt.

All dies ist eine Sache der Vorbereitung. Setzen Sie es auf Ihre Packliste. Dadurch erhöhen Sie Ihr Wohlbefinden und Ihre Lebensqualität!

Schlaf lädt die Batterie auf

Bekommen Sie genügend Schlaf? Ich kann Ihnen nicht sagen, wie viele Stunden Sie brauchen, denn jeder Körper hat eigene Bedürfnisse. Ich kann nur sagen: Hören Sie auf Ihren Körper. Wenn Sie immer genügend Schlaf bekommen, sind Sie viel produktiver am Tag.

Ein vielleicht etwas ungewöhnlichen Tipp, der Ihnen hilft, besser zu schlafen: Kaufen Sie sich einen zweiten Wecker. Viele Menschen können nicht einschlafen aus Angst, am nächsten Tag zu verschlafen. Ein zweiter Wecker ist in jedem Fall zu empfehlen. Es macht schließlich keinen guten Eindruck, wenn man zu spät ins Geschäft oder zu einem Termin kommt. Ich persönlich habe einen elektrischen Wecker und einen batteriebetriebenen Wecker. So werde ich selbst bei Stromausfall geweckt. Wenn ein Wecker aus irgendeinem Grund ausfällt, so klingelt der zweite. Mir ist es auch schon mehrmals in Hotels passiert, dass die Leute am Empfang vergessen haben, mich zu wecken. Deshalb nehme ich jetzt immer zur Sicherheit auch ins Hotel einen Wecker mit. Es ist sehr beruhigend. Nehmen Sie einen Wecker mit angenehmem Ton und einen mit schrillem Ton. Den angenehmen Wecker stellen Sie fünf Minuten vor dem schrillen ein. Dies gibt Ihnen den Anreiz aufzustehen, bevor der schrille Wecker Sie erschreckt.

Und dann habe ich noch einen weiteren Tipp zum Thema Schlaf: Wenn Sie es einrichten können, dann machen Sie ein Nickerchen nach dem Mittagessen und ein weiteres vor oder nach dem Abendessen. Für ein Schläfchen zwischendurch empfehle ich den Schlüsseltrick. Nehmen Sie einen Schlüsselbund so in die Hand, dass er, wenn Sie eingeschlafen sind und die Hand sich öffnet, auf den Boden fällt und Sie wieder weckt. Ein Nickerchen erhöht Ihre Leistungsfähigkeit und auch Ihre Lebensqualität. Der Grund liegt auf der Hand: Nach rund vier Stunden Aktivität, werden Sie müde. Ein kleines Nickerchen – und Sie sind

wieder fit. Ohne Nickerchen gibt es einen Leistungsein-
bruch, der mehrere Stunden anhalten kann.

Als ich noch Angestellter war, fuhr ich am Mittag mit
dem Auto in den Wald und machte dort im Auto – nach meinem Mittags-Sandwich – ein Nickerchen von 15 bis 20 Minuten. Dann war ich wieder voll in Form für den Nachmittag. Sie
sehen, auch wenn Sie kein Sofa im Büro haben, müssen Sie
nicht auf Ihr Nickerchen verzichten! Ein kleines Nickerchen
kann Wunder bewirken. Manchmal bin ich total erschöpft,
weil ich über Stunden hin intensiv gearbeitet habe. Ich kann
kaum noch klar denken. Wenn ich dann auf meinen Körper
höre und mich mal 10 oder auch 15 Minuten hinlege, dann
bin ich nachher wieder topfit. Wenn meine Batterie nach ein
paar sehr arbeitsintensiven Tagen leer ist, dann kann es passieren, dass ich auch mal eine oder eineinhalb Stunden schlafe. Dies kommt zwar selten vor, hin und wieder aber schon.
Weil mein Körper es eben auch wirklich gebraucht und gefor-
dert hat. Man muss auf seinen Körper hören. Nach dieser
Stunde bin ich dann dafür wieder voll einsatzfähig und produktiv. Hätte ich nicht zwischendurch geschlafen, wäre ich an
diesem Tag nur halb so produktiv gewesen.

Ein Drittel Ihres Leben verbringen Sie im Bett – da darf das Bett schon teuer sein!

Es gibt aber noch einen anderen Aspekt, den Sie im Zusammenhang mit Schlaf beachten sollten. Sie verbringen knapp
ein Drittel Ihres Lebens im Bett. Dies ist wahrscheinlich
einiges mehr Zeit, als Sie im Auto verbringen. Und wahrscheinlich ist es auch mehr Zeit, als Sie auf Ihrem Schreib-
tischstuhl sitzen, da Sie auch immer wieder einmal aufste-

hen. Nun die Frage an Sie: Haben Sie ein wirklich teures und gutes Bett? Ein gesundheitsorientiertes Bett? Ein Bett, das Ihnen hilft, Ihre Kräfte aufzutanken, sich zu entspannen? Oder ist Ihr Bett 30 Jahre alt und durchgelegen? Ist es relativ unbequem und schlecht für Ihren Rücken? Hat es andere Nachteile?

Bis vor kurzem ging es mir genauso. Ich hatte ein uraltes Bett, das noch aus meiner Kindheit stammte. Ich wollte lieber Geld in meine Firmen stecken. Dann endlich sagte ich zur mir: „Halt! Ein paar tausend Franken für ein gutes Bett auszugeben, ist eine der besten Investitionen, die ich tätigen kann." Schließlich geht es hier um Gesundheit, Wohlbefinden, Lebensqualität. Viele Menschen geben mehr Geld für einen Fernseher aus als für ein Bett. Aber was ist wichtiger?

Haben Sie Ihr Bett geerbt? Oder stammt es auch noch aus Ihrer Jugend? Steht es einfach dort ohne dass Sie jemals gesundheitliche Aspekte in Betracht gezogen haben? So geht es leider den meisten Menschen. Also: Machen Sie sich jetzt eine Notiz in Ihr Zeitplanbuch oder besprechen Sie Ihr Diktiergerät mit folgendem Wortlaut: „Qualität und Funktionalität von Bett überprüfen."! Gehen Sie in den nächsten Tagen in zwei oder drei Betten-Fachgeschäfte. Bestellen Sie sich Prospekte. Schauen Sie im Internet nach. Fragen Sie Gesundheitsexperten. Am besten setzen Sie sich gleich jetzt ein konkretes Ziel. Zum Beispiel: „Bis Monat X möchte ich ein gesundes Bett in meinem Schlafzimmer stehen haben."

Führen Sie vorwiegend positive Selbstgespräche

Eine wichtiger Erfolgsfaktor sind die positiven Selbstgespräche. Darunter verstehe ich die im stillen geführten Dialoge, die wir den ganzen Tag über mit uns selbst halten. Es ist leider erwiesen, dass wir die meiste Zeit mit uns selbst negativ sprechen. Ich möchte Sie dazu anregen, sich lieber öfters zu loben. Ja, Eigenlob ist sehr wichtig. Vergessen Sie das Sprichwort „Eigenlob stinkt"! Eigenlob ist ein wichtiger Erfolgsfaktor. Loben Sie sich selbst, wenn Sie etwas gut gemacht haben. Es muss ja nicht laut sein, es kann auch in Gedanken geschehen. Tun Sie dies jeden Tag einmal oder öfter. Es kommt nämlich selten vor im Leben, dass ein Mitmensch Sie für etwas lobt. Unsere Zeitgenossen erspähen viel lieber die negativen Dinge. Und die meisten Menschen sind sowieso zu sehr mit sich selbst beschäftigt.

Statt sich also vorzuwerfen: „Was bin ich doch für ein Idiot!", sagen Sie lieber zu sich selbst: „Gratulation! Jetzt habe ich doch ein wirklich gutes Telefongespräch geführt." Je mehr Sie sich loben, desto wohler fühlen Sie sich und desto selbstsicherer werden Sie. Genauso wie Sie andere Menschen mit Lob aufbauen können, werden Sie auch sich selbst mit Lob aufbauen. Aber es bedarf einiger Übung, es regelmäßig zu tun. Am besten schreiben Sie das Stichwort „Eigenlob" auf Ihre Tagesliste als Erinnerung. Bei jedem positiven Gedanken, den Sie über sich haben, machen Sie einen Strich auf einer Liste.

Sie können Sie sich jetzt wie im Urlaub fühlen

„Sie sind, was Sie denken." Ich weiß, diesen Satz hört man überall. Aber vielleicht geht es Ihnen so wie mir früher und Sie haben nie etwas Konkretes damit anfangen können. Ich möchte deshalb diesen Lehrsatz einmal an einem ganz anderen Beispiel erläutern.

Denken Sie zurück an Ihren letzten richtig schönen Urlaub. Wie haben Sie sich da gefühlt?

Und nun tun Sie so, als ob Sie nicht an Ihrem Wohn- oder Arbeitsort, sondern in einem Ferienparadies wären. Wenn Sie z. B. Auto fahren, dann fahren Sie, als ob Sie Tourist wären – ganz entspannt, unbekümmert, ohne Eile, neugierig, mit offenen Augen. Sie entspannen sich – auch körperlich – wie im Urlaub. Achten Sie darauf, ob Sie das entspannende Gefühl bemerken, das dann über Ihren Körper kommt. Das alles erreichen Sie nur mit Ihrem Kopf. Und dies ist eben genau die Bedeutung des Satzes: „Sie sind, was Sie denken."

Reduzieren Sie die Anzahl negativer Menschen in Ihrem Umfeld

Versuchen Sie, die Zahl der negativ eingestellten Menschen in Ihrem Umfeld so gering wie möglich zu halten. Zugegeben, man kann sich die Leute in seiner Umgebung nicht immer aussuchen, besonders nicht im Berufsleben. Aber dort kann man zumindest die Zeit, die man mit solchen Leuten verbringt, deutlich einschränken. Im Privatleben hat man es aber selbst in der Hand, mit wem man Umgang pflegt. Hier also meine Tipps für das Privatleben:

■ Distanzieren Sie sich von negativ gestimmten Freunden und Bekannten, die nur das Schlechte sehen und an allem etwas herumzumäkeln haben. Die „ziehen" Sie nur herunter. Umgeben Sie sich mit positiven Menschen, Menschen, die Ziele und Visionen haben. Und Menschen, die nicht nur reden, sondern auch handeln. Diese Freundschaften und Bekanntschaften sind befriedigend und gegenseitig anspornend.

- Distanzieren Sie sich auch von negativ eingestellten Verwandten. Dies schließt auch Ihre Eltern und Geschwister nicht aus. Sie müssen Ihre Zeit nicht mit Menschen verbringen, die negativ auf Sie wirken und Sie bedrücken. Es ist Ihre Zeit und Ihr Leben.

Obst für alle Mitarbeiter

Hier eine Methode, wie Sie Ihre Energie und die Energie Ihrer Mitarbeiter beträchtlich erhöhen können.

Zunächst eine Frage an Sie alle: Was gibt es in Ihrer Firma für eine Pausenverpflegung? Haben Sie Getränke- und Snack-Automaten? Wenn ja, was gibt es dort? Oftmals hört man Antworten wie „einen Kaffee-Automaten", „einen Cola-Automaten" oder gar „eine Pommes-Maschine". Leider aber erhöhen Kaffee und Cola die Arbeitsenergie nur kurzfristig, danach fällt sie ab. Hinzu kommt, dass das darin enthaltene Koffein wichtige Vitamine und Mineralstoffe aus dem Körper ausschwemmt. Mein Tipp: Stellen Sie Ihren Mitarbeitern gratis Mineralwasser zur Verfügung.

Noch etwas können Sie tun. Bodo Wardin, der Geschäftsführer der großen Seminarfirma Add! Brain, erzählte mir, dass in seiner Firma alle Mitarbeiter kostenlos Früchte erhalten. Dies ist eine gute Idee. Die Mitarbeiter freuen sich darüber und sind dann auch gesünder und leistungsfähiger. Und für die Firma ist dies auch nicht teurer als Kaffee und Kuchen. Herr Wardin sagte mir, dass zwei Mal pro Woche ein Obst-Lieferant kommt, der die Früchtekörbe in der ganzen Firma auffüllt. Vielleicht führen Sie ja etwas Ähnliches in Ihrer Firma ein.

Aber auch zu Hause sollten Sie viel Obst haben. Schauen Sie sich einmal in Ihrem Lebensmittelgeschäft um. Es gibt so viele Arten von Früchten. Ich lebe schon viele Jahre gesund, aber seit ich das Hörbuch „Fit fürs Leben" produziert habe, habe ich viele Sorten Obst und Gemüse entdeckt, die ich vorher nie gekauft hatte. Die Auswahl ist riesig und daher sehr abwechslungsreich. Die meisten Früchte sind mindestens so köstlich wie Süßigkeiten. Schauen Sie sich auch unbedingt die tropischen Früchte an und probieren Sie die eine oder andere noch unbekannte Frucht aus. Vielleicht entdecken Sie dabei eine neue Lieblingsfrucht. Pro Woche sollten Sie mindestens zehn verschiedene Sorten Obst zu sich nehmen. Dies ist abwechslungsreich und Sie erhalten dadurch viele verschiedene Vitamine und Mineralstoffe.

Aber jetzt ein wichtiger Tipp für diejenigen, die das Hörbuch „Fit fürs Leben" noch nicht kennen. Gemäß Harvey und Marilyn Diamond sollten Sie und Ihre Mitarbeiter das Obst nur auf leeren Magen essen, da sonst die Verdauung erschwert wird, was wiederum zu einer Reduktion der Arbeitsenergie führt.

Achten Sie auch auf Ihre Füße

In Gesundheitsbüchern und Fernsehsendungen über Gesundheit wird ein Körperteil oftmals vergessen: nämlich unsere Füße. Deshalb möchte ich in diesem Buch darüber sprechen. Dies ist ein sehr wichtiger Gesundheitsbereich, wenn Sie bedenken, dass nach Kopfschmerzen und Rückenschmerzen die Fußbeschwerden die größte Schmerzquelle sind.

Was ist die Hauptursache für Fußprobleme? Was meinen Sie? Ich werde es Ihnen sagen: falsche Schuhe! Schon bei Kindern – und dann später bei den Erwachsenen. Deshalb ist es sehr wichtig, dass Sie darauf achten, bequeme Schuhe zu tragen. Schuhe, die groß genug sind und vorne nicht zu spitz. Und möglichst ohne Absätze, da diese gegen die natürliche Fußhaltung verstoßen. Vielleicht sollten Sie sich auch einmal überlegen, Maß-Schuhe herstellen zu lassen – Ihren Füßen und Ihrer Lebensqualität zuliebe.

Aber auch wenn Sie die besten Schuhe der Welt besitzen, sollten Sie öfters barfuß laufen. Dies riet mir mein Orthopäde eindringlich! Eigentlich habe ich gesunde und gut geformte Füße. Aber wenn man 18 Stunden pro Tag Schuhe trägt, tut dies den Füßen einfach nicht gut. Mir war dies nie bewusst, weil ich es schon immer getan hatte. Seit einer kleinen Fußoperation laufe ich zu Hause jetzt meist barfuß umher. Und auch im Büro zu etwa 50 Prozent. Am Anfang war dies etwas ungewohnt, aber es ist gut für meine Füße.

Wahrscheinlich fragen Sie sich nun, ob da nicht Gefahr besteht, dass Sie sich Fußpilz und dergleichen holen, wenn Sie barfuß herumlaufen? Diese Frage habe ich auch meinem Orthopäden gestellt. Er sagte mir, dass die Chance, solch eine Infektions-Fußkrankheit zu bekommen, im Schuh selbst viel größer sei, denn dort hat es eine Temperatur von 37 Grad. Also geradezu Brutbedingungen für Pilze und Bakterien! Wenn Sie barfuß laufen, dann haben die Füße eine Temperatur von um die 20 Grad. Sie sehen, das Barfußlaufen hat mehrere Vorteile. Und schließlich ist es ja auch die natürlichste Art zu laufen. Unsere Vorfahren hatten ja schließlich auch keine Schuhe. Fangen Sie gleich heute damit an! Laufen Sie heute Abend zu Hause eine halbe Stunde ohne Schuhe.

Gute Zahnpflege zahlt sich aus

Seien Sie gut zu Ihren Zähnen. Das heißt: zwei- bis dreimal pro Tag gründlich und richtig die Zähne putzen! Laut Thomas Imfeld, Professor an der Klinik für Präventivzahnmedizin an der Universität Zürich, ist eine gute, moderne Elektrozahnbürste meist besser als eine herkömmliche Zahnbürste. Wichtig ist jedoch, dass sie bei einem Druck von mehr als 150 Gramm von allein ausschaltet. Fragen Sie Ihren Zahnarzt, welche Zahnbürste er Ihnen empfiehlt.

Zudem rät Professor Imfeld, dass Sie die Zahnzwischenräume mit Zahnseide reinigen. Am Abend kurz vor dem Einschlafen und nachdem Sie die Zähne geputzt haben, sollten auch Sie noch mit Zahnseide ans Werk gehen. Es dauert nur rund eine Minute und ist auch wirklich notwenig. Wenn Sie sich dabei noch ein gutes Hörbuch anhören, dann ist es schon beinahe eine angenehme Tätigkeit. Das Resultat: weniger Zahnstein, weniger Löcher und schlicht und einfach weniger andere Zahnprobleme.

Es gibt noch andere Dinge, die Sie für Ihre Zähne tun können. Fragen Sie Ihren Zahnarzt! Gute Zahnpflege zahlt sich aus. Nicht nur sehen die Zähne dann attraktiver aus, sondern man spart auch sehr viel Geld beim Zahnarzt und hat zudem weniger Schmerzen und weniger Ärger. Wenn Sie dann zum jährlichen Check-up gehen, dann ist die Wahrscheinlichkeit groß, dass Ihr Zahnarzt nichts tut, außer vielleicht ein wenig Zahnstein entfernen. Sind dies nicht schöne Aussichten?

Wir leben in der besten Zeit, die es je gab

Kennen Sie den Ausspruch „Früher war alles besser"? Da kann ich nur sagen: Unsinn! Genau den gleichen Spruch hörte man schon vor 100 Jahren. Aber auch schon damals stimmte er nicht. Solche Sprüche führen lediglich dazu, dass wir nicht mehr objektiv sind und dann dazu neigen, negativ zu denken.

Wir leben in einer großartigen Zeit. Wir besitzen so viele Dinge, die das Leben angenehm machen. Und wir hatten noch nie soviel Freizeit wie heute. Und noch nie waren wir so mobil wie heute. Beinahe jeder kann sich ein Auto leisten, und selbst ein Flug nach Amerika ist für die meisten erschwinglich geworden. Bedenken Sie auch, dass in vielen Ländern rund 95 % der Haushalte einen oder mehrere Fernseher besitzen: etwas, was vor 40 Jahren noch ein Luxusartikel für reiche Familien war!

Auch genügend zu essen zu haben war vor 100 Jahren noch keine Selbstverständlichkeit, selbst in Europa. Heute haben in der westlichen Welt alle genügend zu essen, nicht zuletzt dank eines dichten sozialen Netzes. Die Menschen arbeiteten früher auf Ihren Bauernhöfen von morgens früh bis abends spät, sie waren froh, wenn sie überhaupt genug zu essen hatten, konnten sich so gut wie nichts leisten, hatten eigentlich nie Urlaub und ein sehr eintöniges Leben. Die Risiken waren groß. Eine Missernte bedeutete Hunger. Das Leben war hart. Und das ist erst hundert Jahre her, also noch gar nicht allzu lange Zeit. Vor 500 Jahren war es noch schlimmer, weil es damals noch nicht einmal die Eisenbahn, den Telegraphen oder das Fahrrad gab.

Manchmal wird auch angebracht, „früher" hätte man gesünder gegessen. Nun, die Lebensmittel waren zwar ungespritzt, aber nicht immer ganz frisch. Es gab ja keine Flugzeuge, um Lebensmittel zu importieren. Treibhäuser gab es auch keine. So musste man eben gewisse Dinge lagern. Heute ist dies alles viel besser. Wir haben das ganze Jahr über frische Lebensmittel. Und noch wichtiger – wir haben Abwechslung. Früher gab es eben, was es gab, je nach Jahreszeit und Anbaumöglichkeiten. Da passierte es auch, dass man sich wochenlang nur von Kartoffeln ernährte. Heute können wir jede Woche zahlreiche verschiedene Früchte und Gemüse zu uns nehmen, sodass wir mit ihnen viele verschiedene Vitamine und Spurenelemente zu uns nehmen. Die Böden mögen zwar zuweilen etwas ausgelaugt sein, aber die Vielfalt an Früchten und Gemüsearten macht dies wett. Covert Bailey, ein sehr bekannter amerikanischer Gesundheitsspezialist und MIT-Bio-Chemiker, sagt, dass seiner Meinung nach der ausgelaugte Boden überbewertet wird. Schließlich können auch die Pflanzen und Bäume genügend Nahrung aus diesem so genannten ausgelaugten Boden entnehmen, um zu gedeihen. Warum dann nicht auch wir? Aber wie immer sind sich hier die Experten nicht einig. Das Beste, was wir also tun können, ist uns abwechslungsreich zu ernähren, Bio-Gemüse und -Früchte vorzuziehen und auch Dinge aus anderen Kontinenten zu essen, wo das Klima anders ist als hier.

Ein weiterer positiver Aspekt unserer Zeit ist die Tatsache, dass der kalte Krieg vorbei ist. In den siebziger Jahren hatten wir alle noch Angst davor, dass der Kommunismus den Westen überrollen könnte. Jetzt besteht diese Gefahr nicht mehr. Ist das nicht großartig? Sind Sie nicht dankbar dafür? Fühlen Sie sich nicht erleichtert? Wir müssen keine Angst mehr haben! Ist es nicht schön, in der heutigen Zeit zu leben?

Eines Abends gab es einen Stromausfall in meinem Haus. Da wurde mir sehr deutlich bewusst, was wir überhaupt alles für Annehmlichkeiten in unserem Leben haben: das elektrische Licht, den Computer, den Fernseher, das digitale Telefon, das Faxgerät, den Kühlschrank, die Waschmaschine und und und ... All diese Dinge erleichtern uns das Leben ungemein.

Auch Kleidung können wir uns einfach in einem Geschäft kaufen, anstatt sie selbst nähen zu müssen, wie das früher der Fall war. Genügend Geld dafür haben selbst Sozialhilfe-Empfänger. Und wir alle haben Schuhe, nicht nur ein Paar, sondern mindestens vier, z. B. Halbschuhe, Turnschuhe, Hausschuhe und Winterstiefel. Dies war früher nur das Privileg der Reichen.

Heute leben 90 % der Bevölkerung der westlichen Welt so gut wie früher nur die Reichen. Ich wiederhole diesen bedeutenden Satz noch einmal: Heute leben 90 % der Bevölkerung der westlichen Welt so gut wie früher nur die Reichen. Führen Sie sich das vor Augen! Wohlstand für alle haben wir zu 90 % erreicht! Jeden Tag geben wir hier in Europa Geld aus für Dinge, die wir nicht haben müssen, aber haben wollen. Ob dies nun bei Frauen ein schönes Negligé ist oder bei Männern eine teure Seidenkrawatte oder was auch immer – wir haben Geld im Überfluss.

Dies bedeutet aber auch gleichzeitig, dass wir alle heute mehr Chancen als je zuvor haben, wohlhabend zu werden. Es gibt Millionen von kaufkräftigen Kunden um uns herum. Wenn wir diesen potentiellen Kunden Produkte und/oder Dienstleistungen anbieten, die diesen Menschen einen konkreten Nutzen bieten und bei denen das Preis-Leistungs-Verhältnis stimmt, dann kaufen diese Leute. Sie, liebe Leserin, lieber Leser, können wohlhabend werden!

Denken Sie einmal darüber nach. Vielleicht waren Sie sich dieser Tatsache gar nicht bewusst. Das Geld liegt doch eigentlich tatsächlich auf der Straße, wie die bekannte Redewendung ja so schön sagt. Man muss es nur aufheben. Das Problem ist nur, dass das Geld angeklebt ist und sich nur schwer von der Straße löst. Sie brauchen ein chemisches Mittel dazu in Form von guten Produkten oder Dienstleistungen mit gutem Preis-Leistungs-Verhältnis. Dies allein genügend noch nicht – was Sie auch noch brauchen, ist gutes Marketing und guten Kundendienst.

Habe ich Sie davon überzeugt, dass es sich heutzutage eigentlich ganz schön und gut leben lässt?

„Klinken" Sie sich ab und zu einmal aus

Für die abschließenden Arbeiten an diesem Buch habe ich mich auch „ausgeklinkt". Jetzt, da ich diese Zeilen schreibe, befinde ich mich in einer Suite in einem wunderschönen Hotel in Appenzell, wo ich die Inhalte überarbeite und in die richtige Reihenfolge bringe. Blauer Himmel und Sonnenschein machen mir die Arbeit noch angenehmer. Neben mir sitzt Ferris A. Bühler, der Chefredakteur der Zeitschrift „Noch erfolgreicher!", der sich ebenfalls aus dem Alltag ausgeklinkt hat, um hier die abschließenden Arbeiten für die kommende Ausgabe der Zeitschrift ungestört zu erledigen. In unserer Hotel-Suite sieht es aus, als ob sich das FBI hier einquartiert hätte für eine Überwachung: zwei Laptops, ein Laserdrucker, Videorecorder, Videokamera, sehr viel Papier, Ordner, Ladestationen für die Mobiltelefone, Diktiergeräte – und so weiter. Wir sind eben optimal ausgerüstet für unsere herausfordernde Arbeit. Niemand außer meiner Sekretärin hat unsere Telefonnummer. Somit sind wir hier vollkommen ungestört.

Es lohnt sich, ab und zu mal sich aus dem Alltag zu entfernen: ein Szenenwechsel, der Ihnen hilft, Dinge aus einer anderen Perspektive zu sehen und auch kreativ zu sein. Wenn Sie z. B. ein wichtiges Projekt bearbeiten, warum sollten Sie dann nicht mal alle Team-Mitglieder in ein schönes, ruhiges Hotel verfrachten, vielleicht in Verbindung mit gewissen sportlichen Aktivitäten, um dem Gehirn zusätzlichen Sauerstoff für kreative Ideen zuzufügen? Das kann Ihrem Projekt eine ganz neue Wendung geben.

Ich möchte Ihnen auch empfehlen, sich vielleicht einmal im Jahr auszuklinken mit Ihrem Ehepartner oder mit Ihrem Braintrust-Partner, um über bestehende Ziele nachzudenken, Fortschritte zu überprüfen und neue Ziele zu setzen. Ein so genanntes Ziele-Weekend.

Mir machen solche Ausklink-Tage eigentlich noch mehr Spaß als Urlaub, weil meine Kreativität, meine Phantasie, mein Tatendrang stimuliert werden und ich auf Ziele hinarbeite. Ich möchte vielleicht in diesen zwei oder sogar auch mal acht Tagen ein bestimmtes Projekt beenden, Jahresziele festlegen oder Ideen generieren für einen Geschäftsbereich. Das fällt bei mir auch unter Lebensqualität. Das Leben spielt sich nicht nur im Büro ab.

Überlegen Sie jetzt, wie Sie diese Anregung in Ihrem Leben umsetzen möchten!

Von Pippi Langstrumpf lernen

„Pippi Langstrumpf" war und ist der Lieblingsfilm vieler Kinder. Auch jetzt wird der doch schon recht angejahrte

Film immer wieder im Fernsehen gezeigt. Erst kürzlich sah ich zufällig ein Stück davon, das unbeabsichtigt von meinem Videorecorder mit aufgenommen worden war. Dabei wurde mir klar, warum Pippi Langstrumpf bei den Kindern so beliebt ist. Pippi Langstrumpf ist spontan, kreativ, locker, neugierig und abenteuerlustig. Sie ist natürlich. So, wie wir alle als Baby einmal waren. Aber im Alter von drei Jahren meistens schon kaum mehr, im Alter von 7 Jahren und später gar nicht mehr. Man hört ja als Kind jahrelang: „Sei still, lauf nicht so rum, setz dich hin und spiel schön brav!" Man wird „erzogen", wie es so schön heißt. Man lernt, sich zu „benehmen".

Das hat sicherlich seine Berechtigung. Man kann Eltern keine Vorwürfe machen, denn schließlich erziehen sie ihr Kind, damit es in der Gesellschaft bestehen kann. Und dazu muss es sich anpassen. Aber leider gehen bei dieser 20 Jahre währenden „Erziehung" die Kreativität, die Flexibilität, die Spontaneität und die Freude verloren.

Tom Sawyer, der Romanheld von Mark Twain, ist ähnlich. Tom wurde auch „erzogen", brach jedoch von Zeit zu Zeit zumindest stundenweise aus, indem er nicht erlaubte Dinge tat: im Schlamm spielen, barfuß laufen, kreative Spiele spielen. Warum erwähne ich dies hier? Ich möchte Sie mit diesen zwei Beispielen dazu anregen, einen Teil Ihrer angeborenen Kreativität und Spontaneität zurückzugewinnen. Weil Sie „er-zogen" wurden, müssen Sie nun eben eine bewusste Anstrengung machen, um Ihre natürliche Art teilweise zurückzubekommen.

Sie sollen mehr Spaß am Leben und Mut zu mehr ausgefallenen Dingen haben, die mehr Würze in den Alltag bringen. Das Leben kann noch viel besser sein, als Sie es im Moment erleben! Es liegt nur an Ihnen.

Spaß haben im Leben und das tun, was wir wirklich wollen

Dies ist ein guter Übergang zum vielleicht wichtigsten Abschnitt dieses Buches. Lernen Sie daraus! Das Thema lautet: „Spaß haben im Leben und das tun, was wir wirklich wollen. Und das nicht erst in 20 Jahren, sondern jetzt!"

Wenn man alte Menschen befragt, was Sie in ihrem Leben gerne anders gemacht hätten, hört man sehr oft die Antwort: Sie wünschten sich, mehr Risiken eingegangen zu sein. Nicht immer hätten sie nur auf Nummer Sicher gehen, sondern lieber viele Dinge ausprobieren, intensiver leben sollen – weniger fernsehen, mehr Sportarten ausprobieren, mehr Leute kennen lernen, mehr unternehmen, das Leben ausgiebiger genießen.

Was können wir daraus lernen? Nun, wir können damit beginnen, unser Leben zu betrachten und uns zu überlegen, welche neuen Hobbys wir ausprobieren könnten. Im Urlaub könnte man aktiver sein, anstatt den ganzen Tag am Strand zu liegen. Statt fernzusehen, könnte man viele verschiedene Leute kennen lernen in Clubs, bei kulturellen Veranstaltungen, auf eigenen Partys, bei Vernissagen oder beim Brainstorming-Meeting. Wenn man eine Person des anderen Geschlechts sieht, die einem gefällt, die einen reizt, dann sollte man unbefangen auf sie zugehen ... Was riskieren wir? Vielleicht ein Nein. Na und? Es ist immer noch besser, als sich vor dem Fernseher zu langweilen. Leben Sie selbst – und nicht aus zweiter Hand!

Leben Sie intensiver. Gehen Sie aus sich heraus. Machen Sie Schritte über Ihre Komfortzone hinaus! Wenn Sie es jetzt nicht tun, dann werden Sie es später einmal bereuen.

Meine Schlussfolgerung als Anregung für Sie: „Ich lebe heute. Jeden Tag sollte ich möglichst viele Dinge tun, die mir Spaß machen und die mir Befriedigung geben, sonst ist es irgendwann einmal zu spät ...“ Ist Ihre Schlussfolgerung ähnlich?

Der Hauptpunkt ist hier, dass Sie nicht zu viel Zeit in Ihrem Leben für unwichtige Dinge verschwenden sollten, Dinge, die Ihnen weder Befriedigung bringen noch Sie beruflich oder auch privat weiterbringen. Mein Tipp: Überlegen Sie sich jeden Abend in einer ruhigen Stunde bewusst und vielleicht sogar mit einem Blatt Papier, ob Sie Ihren Tag optimal genutzt haben. Gab es Dinge, die Ihnen weder Spaß gemacht noch Sie weitergebracht haben? Haben Sie Ihre Freizeit mit Menschen verschwendet, die Sie eigentlich gar nicht mögen? Haben Sie sich am Fernseher eine Sendung angeschaut, die Ihnen gar nicht gefallen hat? Mein Aufruf an Sie alle: Leben Sie bewusster, und nutzen Sie Ihre Lebenszeit so gut wie irgend möglich! Es ist Ihr Leben – ein wertvolles Geschenk!

„Leben Sie den heutigen Tag, als ob es der letzte wäre.“ Diesen Satz und ähnliche habe ich schon oft gehört. Aber wer tut es? Ich muss zugeben: Ich vergesse es auch oft.

Es ist leider das Schicksal vieler Menschen, dass sie sich in der täglichen Hektik und Routine verlieren. Und schon ist wieder ein Jahr vorbei. Eigentlich leben sie nur für die Wochenenden. Aber dann sind sie oft zu müde und erschöpft, um etwas wirklich Schönes zu unternehmen. Deshalb komme ich auch in diesem Buch darauf zu sprechen – einfach als weiteren Anstoß. Unser Leben ist kurz. Deshalb dürfen wir keinen einzigen Tag verschwenden. Jeder Tag soll Freude bereiten. Und jeder Tag soll uns einen Schritt näher zu unseren Zielen führen.

Bauen Sie um Ihre täglichen Pflichten herum Aktivitäten ein, die Ihnen Spaß machen. Und auch bei Ihrer Arbeit sollten Sie nicht zu ernst sein. Die Arbeit soll und muss Ihnen und Ihren Mitarbeitern Freude bereiten und befriedigend sein.

Vergessen Sie aber nicht, dass das Leben nicht nur aus Arbeit besteht. Das sage ich nicht nur zu Ihnen, sondern auch zu mir selbst! Schließlich schreibe ich dieses Buch auch für mich. Ich muss nämlich gestehen, dass ich 1997 ganze 362 Tage gearbeitet habe, und zwar 12 bis 14 Stunden pro Tag. Seither habe ich mich etwas gebessert, arbeite jedoch immer noch etwas zuviel. Aber ich bin daran, Schritt für Schritt mehr freie Tage und Kurz-Urlaube einzubauen.

Mein Tipp für Sie und auch für mich: Genügend Freizeit einbauen und auch öfters Urlaub machen! Vielleicht können Sie einmal pro Jahr einen längeren Urlaub machen und dann mehrere Kurz-Urlaube auf das Jahr verteilen (auf englisch: *mini-vacation*). Dies bedeutet einerseits Lebensqualität, andererseits laden Sie dabei Ihre Batterien auf. Und sehr wichtig: Sie kommen weg von der täglichen Routine. Dabei entstehen wieder viele neue Ideen. Außerdem können Sie jeweils mehrere Wochen davor ein wenig Vorfreude genießen. Ich kenne sehr erfolgreiche Leute, die rund zwölf Wochen pro Jahr im Urlaub sind. Dazu gehört z. B. der Verkaufstrainer Umberto Saxer. Trotzdem oder dank der zwölf Wochen Urlaub verdient er rund fünfmal soviel wie die meisten anderen Verkaufstrainer. Als Angestellter kann man zwar nicht zwölf Wochen Urlaub machen, aber zumindest soll man die volle Urlaubszeit in Anspruch nehmen und auch die Feiertage nutzen, um wegzufahren.

Das Leben ist kurz: Gönnen Sie sich viel Abwechslung und Freude!

Manchmal passiert es mir, dass ich wochenlang durcharbeite. Dann wird es mir bewusst, und ich sage zur mir selbst: Halt! Erst dann wird mir bewusst, dass ich schon wochenlang nicht mehr am See war, obwohl ich nur fünf Minuten vom See entfernt wohne. Und ich lag auch schon lange nicht mehr in meiner Hängematte, obwohl sich diese direkt auf der Terrasse vor meinem Büro befindet. Auch mit Freunden hatte ich schon lange keine privaten Gespräche mehr. Halt! Das muss man alles bewusst angehen, sonst wird man vom Alltag verschlungen. Nehmen Sie sich Freizeit. Entspannen Sie sich. Und haben Sie kein schlechtes Gewissen dabei! Sie haben Freizeit verdient, und Sie brauchen sie auch. Planen Sie Freizeit in Ihren Tag und Ihre Woche ein!

Wenn ich zum Beispiel nur 20 Minuten am See spaziere, bin ich total erholt und arbeite nachher wieder viel besser. Manchmal gehe ich mitten am Vormittag für eine Viertelstunde an den See, und nachher bin ich wieder voller Energie und Ideen. Dieser Beitrag richtet sich wie immer nicht nur an Sie, sondern auch an mich selbst, um mich jedes Mal, wenn ich dieses Buch im Laufe der nächsten Jahre lese, daran zu erinnern, bewusst Freizeit in meinen Wochenablauf einzubauen, ohne ein schlechtes Gewissen zu haben.

Ich könnte damit einfach dieses Kapitel beenden, aber das werde ich nicht tun. Denn es ist mir ganz besonders wichtig, Sie wachzurütteln in der Tretmühle des Alltags. Nehmen Sie gleich heute ein Notizbuch zur Hand und schreiben Sie auf, was Sie gerne tun würden! Schreiben Sie einfach in einem entspannten Moment drauflos. Und tun Sie dies jeden Tag während der nächsten 30 Tage. Dann lesen Sie sich Ihre Notizen durch und versuchen, einige kleine Dinge davon in die Wirklichkeit umzusetzen. Beginnen Sie mit kleinen Schritten. Wenn Sie dies tun, dann wird sich Ihre Lebensqualität deutlich verbessern. Denken Sie daran: Die biologische Uhr tickt. Es gibt Dinge, die Sie in zehn oder zwanzig Jahren nicht mehr tun können. Also, fangen Sie gleich an!

Fernsehen richtig gemacht

Dies ist nun gleich ein guter Übergang zum nächsten Thema: Fernsehen.

Nachdem ich mich nun schon seit dem 17. Lebensjahr mit Erfolgswissen beschäftige und dieses auch konsequent anwende, bin ich der Überzeugung, dass das wirkliche Leben sehr viel spannender und interessanter ist als Filme, Talkshows, Sitcoms oder Soap-Operas im Fernsehen. Aber man muss eben etwas dafür tun, um ein erlebnisreiches Leben zu leben! Man muss aktiv werden. Fernsehen kann keinesfalls ein Ersatz für das richtige Leben sein.

Gleichzeitig bin ich aber der Meinung, dass das Fernsehen unser Leben bereichern kann, wenn wir es richtig einsetzen. Beim sinnvollen, überlegten Fernsehkonsum können wir uns nämlich entspannen, und wir erhalten auch viele Ideen für unsere Lebensgestaltung und unseren Berufsalltag. Ich sehe jede Woche mehrere Stunden fern und werde dies auch weiterhin tun. Für mich ist das keine Zeitverschwendung, denn ich nutze die Vorteile des Fernsehens und reduziere gleichzeitig die Nachteile.

Wie können Sie Ihre Fernseh-Zeit mehr genießen und Ihr Leben damit bereichern?

Anregung Nr. 1:

Lernen Sie, Ihren Videorecorder zu programmieren, falls Sie dies noch nicht können (angeblich können 95 % aller Video-recorder-Besitzer dies nicht – somit wären Sie also nicht allein). Die gute Nachricht: Sie können es wahrscheinlich in 15 Minuten oder weniger lernen, und dann müssen Sie es nur noch einige Male üben – und schon beherrschen Sie es. Es ist also nur eine Frage der Entscheidung, es lernen zu wollen und sich die paar Minuten Zeit zu nehmen. Es zahlt sich wirklich aus! Wenn Sie Ihren Videorecorder nämlich programmieren können, dann gibt Ihnen das die Gelegen-heit, die allerbesten Filme und Sendungen auszuwählen und diese zu jeder erdenklichen Tages- und Nachtzeit auf-zunehmen. Sobald Sie dann Zeit und Lust haben, sehen Sie sich den betreffenden Film oder die Sendung an. Wenn Ih-nen dann nicht gefällt, was Sie sehen, drücken Sie sofort die Stopptaste und schauen sich etwas anderes an. Zu diesem Zweck empfehle ich Ihnen, immer zwischen zehn und vier-zig mit solchen Filmen oder Sendungen bespielte Videokas-setten bereit zu haben. Notieren Sie sich dann, was auf je-der Videokassette ist. Mit diesem System können Sie sich dann wirklich nur das Beste vom Besten ansehen, und vor allem bestimmen Sie selbst die Zeit, wann Sie etwas sich ansehen möchten.

Anregung Nr. 2:

Wählen Sie die Programme, die Sie sich anschauen, sehr sorgfältig aus. Ihre Zeit ist wertvoll, Ihr Leben ist kurz. Ver-schwenden Sie es nicht mit Sendungen, die Sie langweilen und die Ihnen keinen Nutzen bieten. Erinnern Sie sich noch, wie es war, im Alter von etwa 15 Jahren fernzusehen?

Ein Serie, die Sie heute langweilt, war für Sie damals total spannend. Die Konsequenz für mich ist ganz einfach: Ich habe mir vorgenommen, nie mehr etwas anzusehen, das mich langweilt. Es gibt noch genügend Sendungen, die meinem heutigen Niveau gerecht werden. Ihnen geht es sicherlich auch so. Sobald Sie also merken, dass Sie eine Sendung langweilt – sofort hinterfragen, ob Sie sie weiter anschauen möchten!

Anregung Nr. 3:

Sehen Sie sich beinahe alles mittels Ihres Videorecorders an. Warum?

1. Vorteil: Sie müssen nicht zwei Stunden Ihres kostbaren Tages für einen Film blockieren, sondern Sie können den Film in zwei, drei oder fünf Teile aufteilen und dann anschauen, wenn Sie Zeit und Lust haben. Auf diese Weise können Sie solch einen guten Film eben auch als willkommene Auflockerung zwischendurch oder als „Betthupferl" einsetzen.

2. Vorteil: Wenn es langweilige Sequenzen gibt in einem sonst wirklich guten Film oder in einer Informationssendung, können Sie einfach vorspulen. Dies zu tun braucht am Anfang etwas Selbstdisziplin und Gewohnheit, aber es zahlt sich wirklich aus. Sie langweilen sich auf diese Weise weniger und sparen zudem viel Zeit. Das hat zusätzlich den Vorteil, dass Sie im Fernsehsessel aktiv werden. Sie lassen nicht mehr in dumpfer Passivität alles über sich ergehen, was Ihnen die Programmchefs der Fernsehanstalten vorsetzen. Auf diese Weise wird alles umso spannender für Sie, und Ihr Gehirn nimmt mehr auf. Sie werden sehen, diese kleine Maßnahme erhöht Ihre Lebensqualität spürbar!

Anregung Nr. 4:

Sehen Sie sich Programme in Fremdsprachen an, sofern Sie über Fremdsprachenkenntnisse verfügen. Dadurch trainieren Sie Ihre Fremdsprachenkenntnisse und erweitern automatisch Ihren Wortschatz. Machen Sie sich das zur Gewohnheit. Ich habe mir zu diesem Zweck sogar eine zweite Satelliten-Schüssel installieren lassen, damit ich fünf Sender aus Frankreich empfangen kann. Somit halte ich meine Französisch-Kenntnisse mit guten Filmen und Informationssendungen aus Frankreich in Schwung, und gleichzeitig habe ich ein größeres Fernsehangebot. Da meine Programmzeitschrift die Sendungen der französischen Kanäle zu wenig ausführlich beschreibt, habe ich sogar zusätzlich eine französische Programmzeitschrift abonniert. Ich will mir schließlich auch auf Französisch nur das Beste vom Besten anschauen.

Anregung Nr. 5:

Werten Sie das Fernseherlebnis zu einem geselligen Erlebnis auf. Schauen Sie sich einen besonderen Film mit Ihrer besten Freundin oder Ihrem besten Freund gemeinsam an. Das macht Spaß und gibt ihnen viel Gesprächsstoff für manche interessante Konversation und Diskussion. Verleihen Sie auch ab und zu eine Videoaufzeichnung von einem Film, der Ihnen besonders gut gefällt, an einen Freund. Dieser wird dann vielleicht das Gleiche für Sie tun. Zudem ergeben sich für Sie auch auf diese Weise interessante Gespräche.

Liebe Leserin, lieber Leser, das sind alles Dinge, die einfach sind und naheliegend und logisch erscheinen. Die Kunst besteht aber darin, dieses Wissen auch tatsächlich anzuwenden – und nicht einfach passiv vor dem Fernseher zu sitzen und sich zu langweilen. Ich hoffe, ich konnte Sie mittels dieses Beitrages ein wenig für die Thematik sensibilisieren und Ihnen ein paar wertvolle Anregungen und Denkanstöße geben. Denken Sie daran: Der Fernseher ist ein großartiges Gerät, sofern Sie ihn gezielt und bewusst einsetzen.

Das Geheimnis des Glücks

Ich bin in Amerika auf die Arbeiten eines berühmten Professors gestoßen, der sich als Glücksforscher betätigt. Er führte über 8.000 Befragungen auf der ganzen Welt durch, um herauszufinden, wann Menschen glücklich sind. Sein Name ist Professor Mihaly Csikszentmihalyi (Aussprache etwa: Mihai Tschiksentmihai). Ich fand dies äußerst interessant. Deshalb möchte ich Ihnen hier seine wichtigsten Erkenntnisse zugänglich machen. Es gibt acht Hauptkriterien, die die Befragten mehr oder weniger erfüllen, wenn sie das Glücksgefühl verspüren. Hier sind sie:

1. Sie wissen ganz genau, was sie tun müssen und wie sie es tun, sie kennen den nächsten Schritt im Ablauf. Die Aufgabe ist nicht verwirrend oder widersprüchlich. Sie wissen in jeder Minute, was sie erledigen müssen. Die Regeln und Ziele sind klar.

2. Die Rückmeldung kommt sofort. Sie wissen in jeder Minute, ob das, was sie tun, sie näher an ihr Ziel bringt oder nicht.

3. Die Herausforderung entspricht den Fähigkeiten ihrer Person. Die Aufgabe ist nicht zu schwierig, aber auch nicht zu leicht. Sie hat genau den richtigen Schwierigkeitsgrad.

4. Die Konzentration auf die Aufgabe ist vollkommen. Sie werden regelrecht davon absorbiert. Ihre ungeteilte Aufmerksamkeit ist allein auf die Aufgabe gerichtet.

5. Die täglichen Probleme, Sorgen und Frustrationen nehmen sie nicht wahr, da sie sich so stark auf die Aufgabe konzentrieren. Sie machen sich keine Sorgen über ihr Familienleben, über die Steuern, über die Zukunft, während sie im Glückszustand sind.

6. Sie haben die volle Kontrolle über ihr Leben, über Ihre Handlungen, über Ihre Erlebnisse. Die Aufgabe ist zwar schwierig, aber sie wissen, dass sie die Fähigkeiten besitzen, sie erfolgreich zu lösen.

7. In diesem Glückszustand machen sie sich keine Sorgen darüber, was andere über sie denken. Sie verlieren ihre Unsicherheit. Sie konzentrieren sich so sehr auf die Aufgabe, dass sie die Grenzen ihrer Unsicherheiten überwinden.

8. Der Zeit-Sinn ist verändert. Bei gewissen Aktivitäten erscheinen ihnen Stunden wie Minuten, ein anderes Mal Sekunden wie halbe Stunden. Das Zeitempfinden richtet sich nach dem Gefühl, das durch diese spezifische Aufgabe entsteht.

Versuchen Sie, diese acht Komponenten in Ihrem Leben zu realisieren, damit Sie sich entsprechend glücklich fühlen können!

Viele Menschen denken, die Leute, die frühzeitig in den Ruhestand gegangen sind, jetzt in einem kleinen Strandhaus in Spanien leben und den ganzen Tag über im Garten sitzen können, müssen doch glücklich sein. Aber nein, sie waren mit Sicherheit viel glücklicher, als sie noch auf ihr Ziel hinarbeiteten. Sie schauten sich Häuser an, sparten Geld, bemühten sich, mehr zu verdienen, legten es gut an und machten dann schließlich den großen Schritt: die Frühpensionierung und den Kauf des Hauses. Als sie dann in das Häuschen in Spanien einzogen, fühlten sie sich sehr glücklich. Aber schon kurze Zeit später war das Glücksgefühl weg. Schließlich hatten sie ja ihr Ziel erreicht, und es gab kein neues mehr.

Glücksgefühl entsteht durch Aktivität, nicht durch das Liegen am Strand. Man denkt oftmals bei der Lebensplanung und beim Zielsetzen gar nicht darüber nach. Deshalb rege ich Sie in diesem Buch an, darüber nachzudenken.

Spaß an der Arbeit

Ganz am Schluss dieses Teils möchte ich noch auf das Thema „Spaß an der Arbeit" zu sprechen kommen. Wenn Sie und Ihre Mitarbeiter Spaß bei der Arbeit haben, dann erhöht sich nicht nur die Lebensqualität, sondern auch die Produktivität.

Unternehmen Sie alles, damit es Spaß macht, in Ihrer Firma zu arbeiten. Wenn man 40 und mehr Stunden pro Woche in einer Firma arbeitet, dann ist es enorm wichtig, Spaß an der Arbeit zu haben und sich wohl zu fühlen. Aber auch in Ihrer Freizeit sollen Sie Spaß haben. Seien Sie deshalb ab und zu wie ein Kind: begeisterungsfähig, abenteuerlustig, flexibel und locker. Nehmen Sie sich nicht immer so tierisch ernst. Lachen Sie von Herzen!

Dank dieses Buches und anderer Bücher und Hörbücher werden Sie erfolgreich sein und auch gut verdienen. Um so wichtiger ist es dann, dass Sie sich bemühen, Spaß zu haben.

Nutzen Sie auch einen Teil dieses hohen Einkommens, um Freude zu haben. Sie können unter anderem Vergnügen darin finden, anderen Menschen eine Freude zu machen. Bringen Sie Kuchen oder Champagner mit ins Büro. Schenken Sie Ihrer Sekretärin Blumen. Laden Sie Ihre Lebensgefährtin, Ihren Lebensgefährten überraschend zum Mittagessen in ein teures Lokal ein.

Oder kaufen Sie sich ein paar Spielsachen für Ihr Büro, beispielsweise Darts, eine Büro-Minigolfanlage oder was auch immer. Je mehr Spaß Sie haben, desto entspannter sind Sie. Das Resultat: Sie entwickeln bessere Ideen, sind produktiver und motivierter. Freude allein genügt natürlich nicht. Ich spreche hier nur vom Spaß bei der Arbeit in Kombination mit den anderen Erfolgsregeln wie: Ziele setzen, Ausdauer haben, ein gutes Zeit-Management durchhalten usw.

Und wie viel Spaß haben Sie in Ihrem Geschäfts- und Privatleben? Denken Sie einmal darüber nach.

Teil 4 | Kurz-Tipps

Vorwort von Umberto Saxer

Sie hören, dass Sie ein Buch mitnehmen sollten, wenn Sie zum Arzt gehen, denn mit einem sinnvollen Buch können Sie die Zeit im Wartezimmer besser nutzen. Was für ein einfacher Vorschlag! Aber tun Sie es denn schon?

Alex S. Rusch tut es und hat so bereits wieder ein kleines bisschen Vorsprung gegenüber denen gewonnen, die dies nicht tun. Zugegeben, ob Sie ein Buch in ein Wartezimmer mitnehmen oder nicht, das allein macht den großen Erfolg noch nicht aus. Aber die Summe dieser kleinen Dinge führt sehr wohl zum Erfolg!

Und wenn Sie mir – Umberto Saxer – nicht glauben wollen, dann schauen Sie Alex S. Rusch an: Ich kenne Alex S. Rusch nun schon ein paar Jahre. Was ihn besonders auszeichnet, ist die Fähigkeit, seinen Ideen auch Taten folgen zu lassen. Er spricht nicht nur von Dingen, die man tun kann, er tut sie auch – und er tut dies mit beständiger Zielstrebigkeit. Er lässt seinen Ideen stets Taten folgen. Selbstverständlich hat er mit seinen Taten manchmal auch Misserfolge, aber er lernt daraus, damit er mit seinem Tun das nächste Mal Erfolg hat und noch erfolgreicher wird.

Welche Taten machen nun Alex S. Rusch so erfolgreich? Es sind nicht nur einzelne große Taten. Nein, es ist die Summe aller Taten – der großen wie der kleinen. Und gerade dadurch, dass er auch kleine Dinge diszipliniert tut, bewirkt er, dass er in der gleichen Zeit wesentlich weiter kommt als viele seiner Kollegen. Er hat so in kürzester Zeit den größten Hörbuchverlag in Europa für Management-, Erfolgs- und Verkaufs-Hörbücher aufgebaut, und täglich klopfen bei ihm die besten Trainer und Autoren an. Möchten Sie auch „noch erfolgreicher" werden?

Dann lesen Sie dieses Buch Noch erfolgreicher!, *und beginnen Sie die Dinge zu tun, die sie noch nicht tun. Beim Lesen werden Sie – wie ich auch – viel Spaß haben und viele erfolgbringende Tipps erhalten.*

Umberto Saxer

www.umberto.ch

Umberto Saxer ist einer der erfolgreichsten Verkaufstrainer im deutschen Sprachraum

Wartezeiten sinnvoll nutzen

Kennen Sie die Situation: bei der Post vor einem Schalter in einer Schlange stehen zu müssen? Sie langweilen sich, ärgern sich über die verschwendete Zeit und wissen nicht, wohin Sie Ihren Blick richten sollen. Oder kennen Sie die Situation, in einem Wartezimmer zu sitzen, zum Beispiel bei einem Arzt, bei einer Behörde oder bei einem Kunden? Es liegen vielleicht Zeitschriften dort, aber die interessieren Sie nicht besonders.

Es gibt noch viele ähnliche Situationen. Überlegen Sie einmal, wie viel Zeit Sie in solchen Situationen jede Woche verschwenden! Sie verschwenden wahrscheinlich unfreiwillig Woche für Woche viele wertvolle Stunden. Sie müssen vielleicht auf einen Kunden warten in dessen Vorzimmer. Oder Sie müssen auf den Abflug Ihres Flugzeuges warten. Darauf haben Sie keinen Einfluss. Aber Sie können die Wartezeiten nützen, wenn Sie sich darauf vorbereiten. Ich zum Beispiel widme mich einer der folgenden drei Tätigkeiten:

- Ich lese ein Taschenbuch, das ich bei mir habe. Dabei benutze ich einen gelben Post-it Zettel als Buchzeichen, damit ich auch in der Mitte der Seite aufhören kann, wenn beispielsweise der Postschalter frei wird.
- Ich lese eine Fachzeitschrift, welche ich ebenfalls in meiner Mappe bei mir habe (auf diese Weise bin ich nicht auf herumliegende Zeitschriften angewiesen).
- Oder ich entwickle Ideen und Konzepte auf meinem Notizblock, den ich immer bei mir habe.

Klar, diese drei Dinge haben natürlich nicht in einer Hosentasche Platz. Deshalb nehme ich meistens meine Mappe überallhin mit.

Es gibt noch unzählige andere Situationen, in denen Sie froh sind, diese Dinge bei sich zu haben, beispielsweise auch unterwegs in der Bahn oder im Flugzeug. Ich wundere mich immer, wie viele Mitreisende untätig herumsitzen und sich langweilen. Während Bahn- oder Flugreisen kann man sich natürlich auch sehr gut mit einem Walkman Hörbücher anhören. Das ist die optimale Nutzung sogenannter „leerer" Zeit.

Wenn Sie diesen Tipp umsetzen, dann haben Sie damit automatisch mehr Zeit, um Bücher und Fachzeitschriften zu lesen. Außerdem werden Sie viel gelassener und entspannter sein, wenn Sie in einer Schlange stehen oder anderweitig warten müssen, – und erfolgreicher, weil Sie dabei Ihr Wissen täglich erweitern.

Erleichtern Sie das Antworten mit einem „Fax-Antwortblatt"

Wenn ich einen wichtigen Brief schreibe, dann lege ich oftmals ein sogenanntes Fax-Antwortblatt bei. Auf diesem Blatt sind schon ein paar mögliche Antworten des Empfängers aufgeführt. Dieser muss sie dann nur noch entweder ankreuzen oder im leeren Feld eine eigene Antwort hinschreiben. „Von: Herrn/Frau XY – An: Alex S. Rusch" steht schon oben. Auf diese Weise kann die angesprochene Person innerhalb von 30 Sekunden reagieren. Ich hebe mich mit diesem Fax-Antwortblatt von anderen Geschäftsleuten positiv ab und erhalte in den meisten Fällen schneller und gezielter eine Antwort.

Man soll es seinen Gesprächspartnern schließlich so einfach wie möglich machen.

„Telefon-Termine" sind effizient

Wichtige Personen erreicht man oftmals nicht beim ersten Versuch. Anstatt dutzendfach anzurufen, lasse ich mich mit der Sekretärin dieser Persönlichkeit verbinden und vereinbare, sofern möglich, einen Telefon-Termin. Die Sekretärin schreibt ihn für ihren Chef auf, und ich notiere ihn mir in meinem Terminkalender. Zur vereinbarten Zeit rufe ich dann an. Das ist zeitsparend und professionell.

Schriftliche Aufträge mit Kostendecke ersparen viel Ärger

Vergeben Sie niemals Blanko-Aufträge. Dieser Tipp kann Ihnen *sehr* viel Geld sparen. Ich möchte behaupten, dass dies wahrscheinlich einer der wichtigsten Tipps in geschäftlicher, aber auch in privater Hinsicht ist. Damit sparen Sie sich viel Ärger, eventuell sogar Gerichtsverhandlungen, überhöhte Rechnungen und weitere Unannehmlichkeiten. Verlangen Sie immer ein konkretes Angebot. Danach erteilen Sie Ihren Auftrag in schriftlicher Form, und zwar mit allen Einzelheiten. Vermerken Sie am Schluss, dass ohne schriftliche Zusage keine Zusatzkosten akzeptiert werden.

Wenn zum Beispiel ein Grafiker für Sie einen Auftrag ausführt (wie die Gestaltung eines Prospekts), dann ist ein konkretes Angebot sehr wichtig. Wenn Sie ihn einfach „drauflos" arbeiten lassen, dann erhalten Sie wahrscheinlich eine erschreckend hohe Rechnung. Wenn aber jemand für Sie auf einer (Stunden-)Honorarbasis arbeitet, dann bauen Sie zumindest eine Kostendecke ein, also ein Betrag, der nicht überschritten werden darf. Sonst können Sie sehr viel Geld verlieren. An einem Prospekt kann man ebenso gut drei Stunden wie hundert Stunden arbeiten. Ohne Kostendecke oder ohne vereinbarte Pauschale erhalten Sie eine Rechnung, die Sie dann kaum mehr anfechten können. Diese unliebsamen Überraschungen mit Rechnungen können schnell in die Verlustzone führen, besonders in Branchen mit kleinen Margen. Im Privatleben gilt genauso: Wenn Sie einen Handwerker beauftragen, sollten Sie vorher ein schriftliches Angebot einholen. Das gilt auch für Reparaturen an Ihrem Auto.

Erteilen Sie Ihre Aufträge in schriftlicher Form! Auf dem Auftrag sollten auch alle Zusatzleistungen des Lieferanten aufgeführt werden. Es könnte sonst später heißen, dass Zusatzleistungen nicht im Preis inbegriffen seien. Wenn Zusatzvereinbarungen später erbracht werden, dann bestätigen Sie diese schriftlich. Das ist sehr wichtig!

Setzen Sie Experten und Spezialisten ein

Machen Sie nicht alles selbst! Es gibt Dinge, die andere Leute viel besser und auch schneller erledigen können. Ich gebe Ihnen hier ein paar eigene Beispiele: Ich überlasse alles, was mit EDV zu tun hat, den Profis, also zum Beispiel Datenbank-Programmierung, Internet-Website-Erstellung und so weiter, oder auch die Buchhaltungsabschlüsse mache ich nicht selbst. Natürlich enthält mein Auftrag sehr klare Vorgaben und Konzepte.

Was ich Ihnen allen dringend empfehle, egal wie viel Sie verdienen, ist ein wirklich guter Steuerberater. Ich habe kürzlich von einem Besitzer einer kleinen Werkstatt gehört, der im Laufe von zehn Jahren rund 300.000 Franken zuviel

Steuern bezahlt hat infolge schlechter Steuerplanung. Stellen Sie sich vor, er hätte dieses Geld jetzt auf der Bank! 300.000 Franken – da hätte sich der Steuerberater gelohnt. Nehmen Sie sich Zeit dafür. Suchen Sie einen wirklich kompetenten Steuerberater mit guten Referenzen. Informieren Sie sich auch selbst über gesetzliche Möglichkeiten für Steuerersparnisse, damit Sie die Arbeit Ihres Steuerberaters kontrollieren können.

Ziehen Sie Experten und Spezialisten hinzu, wo immer es sinnvoll ist. Sie können dann Ihre Zeit auf die Dinge konzentrieren, die Sie selbst – und nur Sie – am besten können, für die Sie Experte sind.

Champagner-Fläschchen mit Zielen beschriftet

In meinem Kühlschrank befinden sich verschiedene kleine Champagner-Fläschchen. Jedes ist mit einem wichtigen Ziel beschriftet. Sobald ich dieses Ziel erreicht habe, trinke ich genüsslich das betreffende Fläschchen Champagner. Manchmal steht solch ein Fläschchen ein Jahr lang im Kühlschrank, oder länger. Auf einem Fläschchen stand zum Beispiel: „Millionen-Bestseller Nr. 10". Als dieses Hörbuch dann auf den Markt kam, gab es Champagner. Oder es gibt Fläschchen mit einem Monatsumsatz-Ziel, das überschritten werden muss. Ich empfehle Ihnen, für Ihre größeren Ziele etwas in dieser Art zu erfinden. Es muss ja nicht Champagner sein. Seien Sie kreativ! Wie wäre es z. B. mit einem Briefumschlag, der mit Ihrem großen Ziel beschriftet ist. Im Innern befindet sich dann ein Reisegutschein für Ihr Lieblings-Ferienparadies. Welche guten Belohnungs-Ideen würden für Sie passen?

Kleider machen Leute

Wie gut sind Sie gekleidet? Sie kennen ja den berühmten Satz: Kleider machen Leute. Und Sie haben sicherlich auch schon gehört, dass der erste Eindruck entscheidend ist. Deshalb macht es Sinn, Geld und Gedanken in Ihre Garderobe zu investieren, vielleicht sogar sich Maßkleidung anfertigen zu lassen. Im deutschen Sprachraum wird dies manchmal vernachlässigt.

Wenn Sie in Amerika einmal darauf achten, werden Sie feststellen, dass dort sehr viele Leute im Geschäftsleben maßgeschneiderte Anzüge tragen. Wenn Sie gut gekleidet sind, fühlen Sie sich wohler und selbstsicherer, und sie werden ernster genommen. Werfen Sie noch heute einen Blick in Ihren Kleiderschrank!

Als Teenager achten die meisten Menschen sehr stark auf ihre Kleider und die Kleider anderer Leute. Wenn man dann aber älter wird, hat man so viele Dinge um die Ohren, dass man kaum über Kleidung nachdenkt. Man nimmt sich einfach zuwenig Zeit, schöne Sachen zu kaufen. Ab und zu mal eine Stunde fürs Kleiderkaufen investieren, und man fühlt sich nachher während vieler Monate besser und kommt gleichzeitig auch besser an bei seinen Mitmenschen.

Aber von alleine kommt nichts! Schreiben Sie sich in Ihr Zeitplanbuch oder, wenn Sie keines besitzen, auf Ihre Liste zu erledigender Aufgaben, dass Sie Ihre Garderobe evaluieren möchten.

Ein wenig Planung erleichtert das Leben ungemein

Ist es Ihnen auch schon passiert, dass Sie am Nachmittag des 30. Dezember immer noch nichts zu essen eingekauft hatten? Danach sind die Geschäfte für Tage geschlossen; folglich sind Sie jetzt noch gezwungen, etwas einzukaufen, obwohl sich in den Straßen in der Stadt alles staut, Sie kaum einen Parkplatz finden und die Geschäfte total überfüllt sind. Aber Sie haben keine andere Wahl, weil Sie eben nicht gut genug geplant hatten.

Warum nicht etwas strategischer vorgehen? Warum nicht am Morgen als Erstes gehen, gleich wenn die Geschäfte öffnen? Warum nicht zuerst denken, dann handeln? Warum nicht planen? Ich möchte Sie hier bewusst etwas herausfordern, aufrütteln. Das Leben kann so viel leichter und angenehmer sein, wenn man bewusst Entscheidungen fällt, wenn man nicht nur im Geschäftsleben, sondern auch privat plant.

Sprechen Sie jeden Abend mit dem Spiegel

Jetzt ein Erfolgstipp von Jack Canfield, dem Autor des Millionen-Bestsellers „Chicken Soup for the Soul". Ihn könnte man auch als Amerikas Selbstwertgefühl-Experten Nr. 1 bezeichnen. Sein Tipp: Sprechen Sie mit dem Spiegel! Nutzen Sie dafür die letzten drei Minuten, bevor Sie ins Bett gehen. Schauen Sie sich im Spiegel in die Augen und sprechen Sie laut über die Dinge, die Sie an diesem Tag gemacht haben, auf die Sie stolz sind. Tun Sie dies konsequent jeden Abend 60 Tage lang. Sie werden verblüfft sein, was dies bewirkt, und dann wahrscheinlich mit dieser Gewohnheit fortfahren.

Sich ständig weiterbilden

Napoleon Hill, Haupt-Autor des Hörbuches „Die großen 13 Erfolgsgesetze" und einer der bekanntesten Erfolgs-Trainer der Welt, sagte schon in den dreißiger Jahren über Weiterbildung: „Wirkliche Erfolgsmenschen sind stets bemüht, ihre Kenntnisse kontinuierlich zu erweitern und zu vertiefen. Berufliches Versagen ist in den meisten Fällen – oft selbst dann, wenn so genannte höhere Gewalt am Werk ist – die Folge des Irrglaubens, mit dem Abschluss der Schul- und Berufsausbildung habe man ein für allemal „ausgelernt". In Wirklichkeit deutet die Schule – bzw. die durch unsere jeweiligen Talente und persönlichen Interessen mitbestimmte Schulbildung – nur den Weg an, den wir einschlagen müssen, um die bis dahin erhaltene VORbildung nun auch gezielt AUSzubilden."

Sie als Leserin bzw. Leser dieses Buches sind sich dessen vermutlich bewusst. Schließlich bilden Sie sich ja mit Büchern weiter. Dazu möchte ich Sie an dieser Stelle beglückwünschen!

Weisheiten von Mark Victor Hansen

Jetzt präsentiere ich Ihnen ein paar interessante Dinge von Mark Victor Hansen, dem Millionenbestseller-Autor.

Zunächst ein Zitat von ihm, das mir gut gefällt:
„Make money, change the world, have fun."

Auf Deutsch frei übersetzt:
Verdiene Geld, verändere die Welt, habe Spaß.

Lassen Sie dieses Zitat auf sich wirken und ziehen Sie Ihre eigenen Schlussfolgerungen daraus ...

Hier ein weiteres Zitat:
„Work hard – work smart – work different!"
Arbeite hart – arbeite gescheit – arbeite anders!

Als ich Mark Victor Hansen in Kalifornien traf, erzählte er mir von seinen Firmen und seinen innovativen Marketing-Aktivitäten, welche dieses Zitat hier deutlich illustrieren. Wenn man die normalen, herkömmlichen Wege beschreitet, dann hat man mehr oder weniger die gleichen Resultate wie die Mitbewerber. Wenn man aber erheblich bessere Resultate erzielen will, dann muss man nicht nur hart und gescheit arbeiten, sondern auch andere Wege beschreiten, also „work different".

Übrigens: Mark Victor Hansen und auch sein Brain-trust-Partner Jack Canfield gehen jeden Monat mit ihren Familien für eine Woche in den Urlaub. Dies ist eine interessante Strategie. Auf diese Weise kommen sie auf andere Ideen, können alle paar Wochen die Batterie aufladen und haben Zeit für die Familien, die in den anderen drei Wochen wahrscheinlich etwas zu kurz kommen. Und sie haben immer etwas, worauf sie sich freuen können. Das Leben wird abwechslungsreich.

DIN A4 Mappen mit Fenster verbessern Ihren Überblick

Liebe Leserin, lieber Leser, Sie bearbeiten beruflich und auch privat viele verschiedene Projekte. Wahrscheinlich liegen auf Ihrem Schreibtisch jede Menge Papiere. Da kann es plötzlich unübersichtlich werden. **Mein Tipp:** Kaufen Sie sich Mappen im Format DIN A4 mit einem Fenster im oberen Drittel. Diese Mappen sind sehr praktisch für kleine Projekte, für welche Sie noch keine Ordner oder Hängemappen haben. Ich habe zum Beispiel solch eine Mappe, auf dieser steht „neuer Katalog". Darin lege ich alle Ideen, Angebote von Druckereien, Entwürfe usw. ab. Somit habe ich alles an einem Ort. Solche Mappen setze ich natürlich nur für laufende Projekte ein. Abgeschlossene Projekte kommen in die richtige Ablage.

Ich habe zum Beispiel auch solch eine Mappe für jeden Zeitschriften-Artikel, an dem ich gerade arbeite. Darin lege ich dann Notizen für Inhalts-Ideen, Zitate von anderen Autoren, Entwürfe usw. ab. Auch wenn ich mich auf einen bestimmten Vortrag vorbereite, setze ich solch eine Mappe ein. – Am besten kaufen Sie sich gleich 100 solche Mappen!

Ein Wochenbericht bringt Vorteile für Mitarbeiter und Chefs

Alle Mitarbeiter meiner Firmen müssen am Ende jeder Woche einen Wochenbericht der Geschäftsleitung abgeben. Damit meine ich nicht einen umfänglichen Schreibaufwand, sondern ein einziges DIN A4-Blatt mit einer vorgegebenen Struktur. Der Zeitbedarf für das Ausfüllen soll nicht mehr als 10 oder 15 Minuten betragen. Man soll es handschriftlich ausfüllen, damit man es nebenbei machen kann und im Laufe der Woche immer etwas ergänzen kann. In der Kundendienst-Abteilung ist die Struktur z. B. wie folgt:

- Anzahl Bestellungen bearbeitet
- Anzahl Prospekt-Anfragen bearbeitet

- Andere Projekte und Leistungen
- Erfreuliches der Woche
- Ärger der Woche
- Verbesserungsvorschläge / Ideen

Dieser Wochenbericht hat folgende drei Hauptvorteile:

1. Der Mitarbeiter arbeitet bewusster, weil er am Ende selbst auf dem Papier sieht, ob er genug geleistet hat oder nicht. Selbstkritik ist immer besser als die Kritik des Chefs.
2. Für die Geschäftsleitung ist dieser Wochenbericht auch wichtig, damit sie sieht, was die Mitarbeiter konkret leisten. Und er bildet auch die Grundlage für Bonusse und weitere Zusatzvergütungen. Bei uns zählen ja nicht Überstunden, sondern Leistungen.
3. Die Geschäftsleitung sieht in wenigen Minuten, was in der Firma gut läuft und wo es Problembereiche gibt. Zudem bekommt sie jede Woche Verbesserungsvorschläge und Ideen.

Vielleicht wenden Sie ja in Zukunft ähnliche Dinge in Ihrer Firma an? Falls Sie die Kompetenz nicht besitzen, solch ein System in der ganzen Firma einzuführen, so können Sie es doch zumindest für sich selbst einführen. Erstellen Sie Ihren eigenen Wochenbericht und übergeben Sie es Ihrem Chef jeden Freitag Abend.

Auf diese Weise weiß Ihr Chef genau, was Sie geleistet haben. Von Ihren Kollegen weiß er es wahrscheinlich nicht so genau. Die Chance ist also groß, dass Sie dann am ehesten für eine Beförderung berücksichtigt werden.

Und auch eine Gehaltserhöhung bekommen Sie so viel leichter.

Benzintank frühzeitig auffüllen vermeidet Stress

Wenn der Tank Ihres Autos zu einem Viertel leer ist, sollten Sie sogleich nach einer Tankstelle Ausschau halten und Ihren Tank auffüllen. Dies hat einen guten Grund: Sie ersparen sich dadurch viel Stress. Wenn Sie auf Reserve fahren und immer Angst haben müssen, dass Sie es nicht bis zur nächsten Tankstelle schaffen, dann ist das sehr stressig. Und vielleicht schaffen Sie es ja auch tatsächlich nicht, weil Benzinuhren oftmals nicht so ganz präzise sind.

Liebe Leserin, lieber Leser, dies ist nur ein simpler Ratschlag. Denken Sie aber trotzdem einmal darüber nach, und vielleicht wenden Sie ihn ja auch an. Sie vermeiden sich dadurch nicht nur viel unnötigen Stress, sondern gewöhnen sich auch für andere fällige Erledigungen eine vorausschauende, planvolle Handlungsweise an. Tanken müssen Sie übrigens sowieso früher oder später.

Mehrmals pro Tag ein paar Minuten Pause

Wir hören und lesen immer wieder, wie wichtig Pausen sind. Schon Dale Carnegie hat vor über einem halben Jahrhundert darüber geschrieben. Aber nun meine Frage an Sie, liebe Leserin, lieber Leser: Machen Sie wirklich mehrmals pro Tag ein paar Minuten Pause?

Wenn ja, dann gratuliere ich Ihnen. Wenn nein, dann sollten Sie dies einmal ausprobieren. Sie werden mit großer Wahrscheinlichkeit Ihre Produktivität und Ihre Lebensqualität erhöhen.

Einmal pro Woche verrückte Dinge mit Ehepartner/in unternehmen

Gemäß einer Umfrage unterhalten sich Ehepartner pro Tag nur acht Minuten miteinander. Nur acht Minuten! Damit eine Ehe nicht kaputt geht, rät Jürgen Höller, dass Ehepartner einen ganzen Tag pro Woche zusammen verbringen sollten und an diesem Tag verrückte Dinge außerhalb der eigenen vier Wände unternehmen. Weg vom Alltag, weg von der Routine. Langeweile und Eintönigkeit machen sonst nämlich die Beziehung kaputt. Ein ausgezeichneter Tipp, nicht wahr? Das Leben ist kurz. Fangen Sie am besten gleich diese Woche damit an.

Eine weitere Idee. Überlegen Sie einmal: Wann haben Sie Ihrer Frau zum letzten Mal Blumen geschenkt? Oder wann haben Sie Ihrem Mann zum letzten Mal eine Freude gemacht? Benehmen Sie sich immer noch wie frisch Verliebte? Oder hat die Mühle des Alltags Sie abgeschliffen? Beginnen Sie wieder damit, sich wie neu Verliebte zu benehmen!

Haben Sie ein Traum-Büro?

Schauen Sie sich heute einmal Ihr Büro genauer an. Gefällt Ihnen Ihr Büro? Fühlen Sie sich darin wohl? Ist es praktisch und sinnvoll eingerichtet und gleichzeitig eine Kreativitäts-Brutstätte? Ist es gleichzeitig ein Spielplatz und ein seriöser Arbeitsort? Wenn nicht, dann sollten Sie vielleicht etwas unternehmen. Schließlich verbringen Sie dort einen großen Teil Ihres Lebens.

Schnell laufen, gerade Haltung, mit Intensität sprechen

Achten Sie einmal darauf, wie schnell erfolgreiche Menschen laufen. Untersuchungen zeigen, dass erfolgreiche Leute rund 25 Prozent schneller laufen als Durchschnittsmenschen. Sie wissen eben, wohin Sie wollen, und sie wollen schnell dort hin. Sie sind also zielbewusst, motiviert und leistungsorientiert. Selbst wenn Sie jetzt noch nicht ganz so erfolgreich sind, möchte ich Ihnen empfehlen, ebenfalls 25 Prozent schneller zu laufen als der Normalbürger.

Außerdem möchte ich Ihnen empfehlen, möglichst eine gerade Haltung einzunehmen. Und der dritte Ratschlag in diesem Zusammenhang ist: nicht zu leise zu sprechen!

Also nochmals zur Wiederholung: Sie laufen von nun an relativ schnell, mit einer geraden Haltung, und Sie sprechen mit einer gewissen Intensität. Wenn Sie diese drei Dinge tun, dann merken Sie, dass Sie sich erfolgreicher fühlen und auch erfolgreicher handeln. Außerdem reagieren Ihre Mitmenschen viel positiver auf Sie. Probieren Sie es aus und machen Sie es sich Schritt für Schritt zur Gewohnheit mit Hilfe Ihrer engen Freunde oder Braintrust-Partner.

Entwickeln Sie ein Erfolgs-Geräusch für Ihre Firma

Unsere Mitarbeiter in der Telefonmarketing-Abteilung haben eine kleine Glocke. Bei jedem Auftrag, den sie hereinholen, läuten sie diese Glocke. Dies hat zwei Effekte:

1. Das Läuten drückt ein Erfolgserlebnis aus, einen kleinen Jubelruf: „Juhuuu!". Das gibt dieser Person ein tolles Gefühl. „A sense of achievement", wie es auf Englisch heißt.

2. Die anderen Mitarbeiter durch das Läuten der Glocke motiviert. Erfolg zieht Erfolg an.

Hier ein weiteres Beispiel aus einer anderen Firma: In der Firma des Schweizer Milliardärs Martin Ebner wird Beethovens 5. Symphonie in der ganzen Firma gespielt, wenn ein großer Deal zustande gekommen ist.

Überlegen Sie sich nun, ob Sie ähnliche Dinge in Ihrer Firma einführen möchten. Es sollte dann etwas sein, das genau zu Ihrer Firma passt. Seien Sie innovativ, modern und erfolgsorientiert. Dies motiviert alle Mitarbeiter, und es macht auch mehr Spaß, in Ihrer Firma zu arbeiten.

Gibt es in Ihrer Firma schon eine Ideen-Box?

An einem zentralen Ort in jeder meiner Firmen befindet sich eine Ideen-Box. In diese Box werden von Mitarbeitern Karten mit Ideen gelegt. Diese Ideen stammen einerseits von den Mitarbeitern selbst und andererseits von Kunden, die uns am Telefon Anregungen gaben, die wir dann auch sofort auf einer Ideen-Karte festhalten. In regelmäßigen Abständen halten wir eine Sitzung ab in einem Restaurant im lockeren Rahmen und gehen alle Karten durch, die sich angesammelt haben. Wir entscheiden dann gleich, was wir umsetzen und wer dafür verantwortlich ist. Wäre solch eine Ideen-Box auch etwas für Ihre Firma?

Motivation des Milliardärs Michael Dell

Der Mitdreißiger Michael Dell ist der viertreichste Amerikaner (Stand 1999). Mit einem Darlehen von $ 1000.00 gründete er als 19-Jähriger seine Firma Dell Computer, die inzwischen der zweitgrößte Computerhersteller der Welt ist. Er war der erste, der auf die Idee kam, Computer ausschließlich direkt zu verkaufen (nicht über den Handel) und die Computer erst nach Auftragseingang nach den Kundenwünschen zusammenzubauen.

Bei einem Vortrag an der University of Texas fragte ein mutiger Student den Multi-Milliardär, warum er immer noch arbeite. Er hätte doch so viel Geld. Er fragte ihn direkt: „Warum verkaufen Sie nicht Ihre Firmenanteile, kaufen ein Boot und segeln in die Karibik?" Dell schaute ihn intensiv an und sagte dann: „Segeln ist langweilig. Können Sie sich vorstellen, wie viel Spaß es macht, eine Milliarden-Firma zu managen?"

Nun, liebe Leserin, lieber Leser, haben Sie auch so viel Spaß an Ihrer Arbeit? Schließlich nimmt Ihre Arbeit einen großen Teil Ihrer Lebenszeit in Anspruch. Je mehr Spaß Sie also daran haben, desto höher ist Ihre Lebensqualität. Da lohnt es sich schon, sich damit intensiv zu beschäftigen und gegebenenfalls entsprechende Maßnahmen zu ergreifen.

Hindernisse zu überwinden macht Spaß

An dieser Stelle möchte ich Ihnen ein schönes Zitat präsentieren. Es stammt von Sir Peter Ustinov: „Am feinsten ist der Erfolg, der nicht willig kommt wie eine zahme Hauskatze, sondern den man zwingen und beherrschen lernen muss wie ein wildes Pferd."

Mit anderen Worten: Es macht viel mehr Spaß und unser Stolz ist weit größer, wenn es gewisse Hindernisse gab, dies es auf dem Weg zu unserem großen Ziel zu überwinden galt. Genießen Sie also die Reise auf dem Weg zum Erfolg. Schwierigkeiten, die dabei auftreten, sind nicht unangenehm. Im Gegenteil, sie machen alles spannender.

So werden Sie eine Erfolgskapazität

Sie lernen nun drei Schritte kennen, mit denen Sie in rund sieben Jahren zu einer Erfolgskapazität werden. Sie stammen von Jürgen Höller, einem der erfolgreichsten Motivationstrainer.

1. Lesen Sie Bücher, wenigstens eine Stunde täglich: Bücher, die Sie beruflich und persönlich weiterbringen! Das sind 365 Lektürestunden pro Jahr. Es muss nicht immer eine Stunde am Stück sein. Es können auch 10 Minuten beim Frühstück, 15 Minuten in der Mittagspause und 20 Minuten statt Fernsehen am Abend und dann noch 10 Minuten vor dem Schlafengehen sein.
2. Hören Sie sich täglich 30 Minuten nutzenbringende Kassetten an. Diese Zeit können Sie leicht einbauen, wenn Sie zum Beispiel wie die meisten Deutschen durchschnittlich 50 Minuten pro Tag im Auto verbringen.
3. Bilden Sie sich regelmäßig in Seminaren fort (4- bis 6mal pro Jahr).

Ja, meine Damen und Herren, Sie können eine Erfolgskapazität werden. Es ist gar nicht so schwierig, aber Sie müssen sich die nötige Zeit dafür jeden Tag nehmen. Und glauben Sie mir, Sie werden die Zeit dafür finden, wenn Ihnen Ihr Erfolg wichtig genug ist.

In einem Jahr können Sie mehr verdienen als andere in einem Leben

Ich möchte auch mit dem folgenden Beitrag Ihre Gedanken stimulieren. Der Versicherungsmagnat und Bestsellerautor W. Clement Stone hat einmal auf einer Kassette gesagt, dass es keinen Grund gäbe, warum Sie in einem Jahr nicht soviel verdienen könnten wie andere in einem ganzen Leben. Diese Kassette hörte ich mir vor rund zwei Jahren das letzte Mal an. Weil jedoch der Inhalt in meinem Unterbewusstsein gespeichert ist und dort weiterwirkt, kam mir diese Aussage jetzt wieder in den Sinn: „Es gibt keinen Grund, warum Sie in einem Jahr nicht soviel verdienen können wie andere in einem ganzen Leben." Schauen wir uns diese Aussage einmal genauer an und belegen wir sie mit Zahlen, damit das nicht so abstrakt klingt:

Nehmen wir an, ein Büroangestellter verdient monatlich 6.000 Franken. Wie viele Jahre arbeitet jemand in seinem Leben? Ich denke, mit 40 Jahren liegen wir ungefähr richtig: vom 20. bis zum 60. Lebensjahr, oder von 25 bis 65. 6000 Franken x 12 Monate x 40 Jahre ergibt 2.880.000 Franken. Das ist natürlich nur eine grobe Rechnung.

Eigentlich ist der Betrag gar nicht so groß: weniger als 3 Millionen Franken – oder 2 Millionen Dollar. Es ist natürlich schon ein sehr hoher Jahreslohn, aber mit einem wirklich guten Konzept ist er erreichbar. Es muss natürlich ein wirklich, wirklich gutes Konzept sein.

Doch ich kann Ihnen verraten – ein paar wenige unserer Kunden und Autoren haben tatsächlich solch ein Jahreseinkommen, und dies sogar *jedes Jahr*. Der Büroangestellte in unserem Beispiel müsste diesen Betrag ja nur in einem einzigen Jahr erreichen.

Ich bringe diesen Beitrag in diesem Buch, weil ich Ihre Gedanken stimulieren möchte. Ich möchte, dass Sie in größeren Dimensionen denken. Wenn Sie immer nur an 6.000,– oder auch 10.000,– Dollar pro Monat denken, dann schränkt das Ihren Blickwinkel ein. Gewisse Ideen entwickeln Sie gar nicht erst, weil Sie außerhalb Ihrer Sichtweite liegen.

Also – rechnen Sie einmal nach: Ihr aktuelles Jahresgehalt mal 40 – und dann fangen Sie an, Ihren Gedanken freien Lauf zu lassen ...

Denken Sie nicht, die anderen wüssten es ja schon ...

Wie Sie wissen gibt der Rusch Verlag Erfolgshörbücher der Themenbereiche Management, Verkauf und Lebenshilfe heraus. Eines Tages stellte ich fest, dass zwar die durchschnittlichen Bestellzahlen größer wurden, dass es jedoch fast nie vorkam, dass ein Kunde von jedem Titel des gesamten Programms je ein Exemplar kaufte, obwohl man dann 20 % Rabatt erhielt. Damals hatten wir rund 20 Titel im Angebot.

Als Test habe ich dann einmal die „Komplette Erfolgs-Audiothek" angeboten mit einem Paket-Preis. Im Grunde bestand diese Audiothek aus je einem Exemplar jedes Titels des Programms. Und der Preis war der Listenpreis abzüglich den üblichen 20 % Mengenrabatt. Ich war überrascht, wie groß die Nachfrage plötzlich war, obwohl der Preis über Fr. 2000,– lag. Ich erkläre mir diesen Erfolg so:
1. Ich gab den Kunden eine Idee: die Idee, sich eine Audiothek zuzulegen.

2. Ich demonstrierte den Kunden, dass diese Anschaffung gar nicht so teuer ist. Für den Preis eines Wochenendseminars bekommt man mit den Hörbüchern rund 200 Stunden Weiterbildung. Die Kunden hätten auch von alleine darauf kommen können, aber in der Alltagshektik nimmt man sich oft nicht die Zeit, über so etwas nachzudenken.

Was lernen wir daraus?

Lektion 1: Liefern Sie Ihren Kunden, Ihren Mitarbeitern, Ihren Lieferanten, Ihren Freunden, Ihrer Familie fertige Konzepte und Ideen. Seien Sie ein Ideen-Brunnen! Damit können Sie viel bewegen und bewirken. Ja, Sie werden einflussreich. Sie werden ein Macher. Und Ihr Leben wird interessanter und spannender.

Lektion 2: Stellen Sie alles möglichst klar vor. Ein Komplettpreis ist – wie unser Beispiel zeigte – in vielen Fällen besser, weil die Leute zu beschäftigt oder auch zu faul sind, um von sich aus etwas durchzurechnen. Bringen Sie plausible Beispiele und Vergleiche (wie den Satz: „200 Stunden Weiterbildung für den Preis eines Wochenendseminars"). Zeigen Sie die Vorteile auf, die man mit dem Kauf des Produkts erlangt.

Gehen Sie nie davon aus, die Leute wüssten das alles ja schon, denn selbst wenn sie es wissen, ist es Ihnen jetzt vielleicht nicht bewusst, oder Sie denken ganz einfach nicht daran. Deshalb sollten Sie immer alle Vorteile erwähnen, betonen, hervorheben. Das gilt auch für Ihr Privatleben. Erwähnen Sie ruhig von Zeit zu Zeit gegenüber Ihrer Lebenspartnerin oder Ihrem Lebenspartner, was Sie alles in die Beziehung einbringen und was Sie alles tun. Sonst wird es übersehen oder als Selbstverständlichkeit hingenommen.

Beginnen Sie eine Erfolgs-Galerie

Ich habe vor einiger Zeit den bekannten Motivationstrainer Nikolaus B. Enkelmann in seinem prachtvollen Institut in Königstein bei Frankfurt besucht. Dort zeigte er mir seine Fotogalerie. Enkelmann mit Robert Schuller. Enkelmann mit Helmut Kohl. Enkelmann mit Norman Vincent Peale, mit Victor Frankl, mit Generel Powell, mit Brian Tracy, mit Joseph Murphy, mit Norman Rentrop und schließlich Enkelmann mit dem Papst. Beeindruckend! Die gleichen Fotos hat er nun kürzlich in seinen schönen Firmenkatalog integriert.

Was ich vor allem daraus gelernt habe, ist, dass man sich fotografieren sollte, wenn man prominente Personen trifft. Als ich dann eine Woche später in Amerika die Geschäftsführer der wichtigsten Hörbuchverlage traf, um mit ihnen Ideen auszutauschen, ließ ich mich zusammen mit diesen Personen von deren Sekretärinnen fotografieren. Ich ließ mich auch mit der Chefredakteurin der amerikanischen Zeitschrift *„Entrepreneur Magazin"* fotografieren und ebenfalls mit dem Gründer und Chef der Zeitschrift *„Inc. Magazin"*, welche eine verkaufte Auflage von über 600.000 Exemplaren hat.

Zu Hause ließ ich von diesen Fotos Abzüge machen, ließ sie einrahmen und schrieb neben jedes Foto: „It was a pleasure exchanging ideas with you." Dann schickte ich die Bilder mit Kurier an meine Gesprächspartner nach Amerika: Als meinen Betrag zu den Fotogalerien dieser Spitzenmanager. Und auf diese Weise bleibe ich ihnen immer in positiver Erinnerung.

Überlegen Sie sich einmal, wie Sie Ihre Kamera einsetzen möchten. Es gibt viele Möglichkeiten. Sie müssen es ja nicht unbedingt so machen wie Herr Enkelmann oder ich, aber in irgendeiner eigenen Form, um wichtige Momente zu dokumentieren. Erst später, wenn diese Gegenwartssituationen Vergangenheit geworden sind, zeigt sich der Wert solcher Aufnahmen. Ich will Ihnen hier nur Anregungen geben, die Sie dann auf Ihr Leben und Ihre Firma übertragen können.

Erfolgsgeheimnis des Amazon-Gründers

Wenn wir schon gerade von amerikanischen Erfolgsmenschen sprechen, lasse ich hier nun Jeff Bezos, den Gründer von Amazon, zu Wort kommen. Hier sind die vier Erfolgsregeln, die seines Erachtens dazu geführt haben, dass seine Firma einen Börsenwert von vielen Milliarden Dollar hat – kurz, prägnant und nachvollziehbar.

Regel 1: Zuerst kommt die Marktforschung – den Markt gründlich evaluieren!

Regel 2: Der seiner Meinung nach wichtigste Erfolgsfaktor: Ein Team von talentierten und unterschiedlichen Menschen zusammenstellen! Diese zieht man an, indem man ihnen die Gelegenheit gibt, etwas Wichtiges aufzubauen, das Leben der Kunden zu verbessern und die Welt zu verändern.

Regel 3: Prioritäten setzen! Wenn Sie einmal eine Vision haben für Ihre Firma, sehen Sie darin plötzlich Hunderte von kleinen Ideen. Dann brauchen Sie die Fähigkeit, gnadenlose Selektion zu treffen und zu sagen: „Nein, das machen wir nicht und das auch nicht; wir konzentrieren uns ausschließlich auf diese drei Dinge."

Regel 4: Fortwährend die eigene Vision mitteilen! Selbst wenn Sie die besten Leute haben, aber nicht alle von der gleichen Vision erfüllt sind, dann funktioniert es nicht.

Drei Wege, wie Sie Ihren Geschäftserfolg steigern

Jay Abraham, ein berühmter Marketing-Consultant aus Amerika, verdient mehrere Millionen Dollar pro Jahr. Sein Stundenhonorar beträgt $ 3.000,–. Zudem ist er direkt am Erfolg von zahlreichen Firmen beteiligt. Sein Marketing-Know-how ist bemerkenswert. Es gibt laut Jay Abraham nur drei Wege, wie Sie Ihren Geschäftserfolg steigern können:
1. Sie vergrößern die Anzahl Ihrer Kunden.
2. Sie vergrößern die Bestellfrequenz.
3. Sie vergrößern die durchschnittlichen Bestellbeträge

Eine einfache These, die äußerst wirksam ist, wenn wir sie uns vor Augen führen.

Da ich ja bekanntlich nicht nur Autor, sondern auch erfolgreicher Unternehmer bin, möchte ich dieses Konzept an einem eigenen Beispiel illustrieren. Nur durch Beispiele können Sie sich Theorie wirksam einprägen.
1. Wir vergrößerten die Anzahl unserer Kunden, indem wir viel Werbung machten auf einer Vielzahl von Werbe-Schienen – Werbung, die sich an unsere Zielgruppe richtete.
2. Wir vergrößerten die Bestellfrequenz, indem wir jeden Monat zahlreiche qualitativ hochstehende neue Hörbücher produzierten und unsere Kunden mittels Werbebriefen, Internetwerbung und Anzeigen darauf aufmerksam gemacht haben.

3. Wir vergrößerten die durchschnittlichen Bestellbeträge
   a) durch eine Gratis-Kassette ab einem bestimmten Bestellwert
   b) durch interessante Mengenrabatte ab 5 Exemplaren
   c) durch interessante Paket-Angebote wie z. B. unsere komplette Erfolgs-Audiothek

Dadurch konnten wir letztes Jahr unseren Umsatz und Ertrag massiv steigern. Nun, liebe Leserin, lieber Leser, überlegen Sie einmal, wie Sie das auf Ihre Firma übertragen können. Ich wiederhole noch einmal die Kern-Aussage:

Es gibt, nach Jay Abraham, drei Wege, wie Sie Ihren Geschäftserfolg steigern können:
1. Sie vergrößern die Anzahl Ihrer Kunden.
2. Sie vergrößern die Bestellfrequenz.
3. Sie vergrößern die durchschnittlichen Bestellbeträge

Erstellen Sie regelmäßige Datensicherungen

Wann haben Sie das letzte Mal ein Back-up Ihrer sämtlichen Computerdaten gemacht? Ich spreche hier sowohl von Ihrem Büro-Computer und auch von Ihrem Heim-Computer.

Es kann Ihnen passieren, dass sämtliche Daten verloren gehen, weil der Computer defekt wird oder weil die Daten aus Versehen gelöscht werden. Es empfiehlt sich deshalb, regelmäßig sämtliche Daten zu sichern, wenigstens einmal wöchentlich. Für den PC zu Hause genügt vielleicht auch einmal im Monat. Von den neuartigen Datenträgern reicht meist eine einzige Disk aus, um sämtliche Daten darauf zu speichern. Die kleine Mehrausgabe lohnt sich.

Sie brauchen mindestens vier Umarmungen pro Tag

Jack Canfield, sagt, dass der Mensch pro Tag vier Umarmungen braucht um zu überleben, 8 Umarmungen pro Tag um emotional gesund zu bleiben und 12 Umarmungen pro Tag für persönlichen Wachstum. Wie viele Umarmungen bekommen Sie pro Tag? Falls es weniger als 12 sind, was müssen Sie unternehmen, um zu diesen 12 Umarmungen zu kommen?

Vergessen Sie nicht, Ihre Mitarbeiter regelmäßig zu loben

Loben Sie Ihre Mitarbeiter. Ich weiß, man vergisst das schnell. Deshalb möchte ich es Ihnen hier einschärfen. Es ist wirklich wichtig. Ihre Mitarbeiter müssen wissen, wann sie etwas gut gemacht haben. Und sie müssen wissen, dass Sie es zur Kenntnis genommen haben und zu schätzen wissen. Oftmals glaubt man beispielsweise, „der Mitarbeiter Schulze, der weiß schon, dass man seine gute Arbeit schätzt". Besonders bei selbstsicheren Menschen denkt man: Die brauchen kein Lob. Das ist aber falsch. Wir alle wollen gelobt werden. Selbst der Vorstandsvorsitzende eines großen Konzerns. Und vor allem brauchen wir alle häufig Lob. Loben Sie deshalb Ihre Mitarbeiter häufig!

A- und B-Lieferanten

Für Produkte und Dienstleistungen, die wir einkaufen, haben wir meist zwei Lieferanten. Einen A-Lieferanten für 90 Prozent aller Aufträge und einen B-Lieferanten mit 10 Prozent der Aufträge. Somit sind wir nicht von einem Lieferanten abhängig und haben auch eine Vergleichsmöglichkeit, was Preis, Qualität und Liefergeschwindigkeit betrifft. Wenn der A-Lieferant nicht mehr so gut ist, dann können wir kurzfristig dem B-Lieferanten die Aufträge geben, ohne viel Aufwand mit der Suche nach neuen Bezugsquellen zu haben. Welche Strategie haben Sie in Ihrer Einkaufsabteilung?

Denken Sie in größeren Dimensionen

Wo wohnen Sie gegenwärtig? Ist es dort schön? Fühlen Sie sich dort wohl? Vielleicht könnten Sie für ein paar hundert Dollar mehr im Monat in einer doppelt so schönen Wohnung oder in einem Haus wohnen. Ja, doppelt so schön für ein paar hundert Dollar mehr Mietkosten! Die Chance ist groß – es hängt einzig und allein von der Bereitschaft ab, etwas mehr zu bezahlen. Und dann schauen Sie sich in aller Ruhe und zielgerichtet um. Denken Sie in größeren Dimensionen!

DIN A3-Papier

Kaufen Sie sich 50 oder 100 Bogen DIN A3-Papier. Also das doppelte Format einer Briefseite. Dieses große Format ist sehr praktisch für Brainstorming, für Mindmapping, um viele Stichworte zu notieren, um eine Collage zu machen, um sich Listen zu erstellen. Solch ein Blatt auf dem Schreibtisch fällt auf. Wenn ich für ein bestimmtes Projekt Ideen suche, dann lege ich ein DIN A3-Blatt auf meinen Schreibtisch. Zwischendurch schreibe ich jede Idee darauf, die mir einfällt.

Sagen Sie niemals sofort nein

Sagen Sie niemals sofort nein. Dieser ganz persönliche Tipp hat bei mir schon viel bewirkt. Manchmal ist man versucht, sofort nein zu sagen auf irgendeine Anfrage hin oder weil einem ein Vorschlag unsinnig erscheint. Auf diese Weise verschließt man sich für ausgezeichnete Gelegenheiten. Man schränkt sich ein.

Schreiben Sie sich den Satz „Sage niemals sofort nein!" auf.

Hören Sie zumindest erst einmal zu oder lesen Sie den Vorschlag. Seien Sie neugierig, kreativ, innovativ. Selbst wenn Sie den Vorschlag schließlich ablehnen, können Sie vielleicht davon profitieren und bei einem anderen Projekt etwas davon verwenden.

Fotokopien des Inhalts Ihrer Brieftasche

Hier noch ein besonders praktischer Tipp: Fertigen Sie Fotokopien vom gesamten Inhalt Ihrer Brieftasche an, also von allen Ausweisen, Bankkarten, Kundenkarten und so weiter. Falls Sie diese nämlich einmal verlieren oder bestohlen werden, wissen Sie genau, was Sie alles ersetzen müssen. Tun Sie es gleich oder beauftragen Sie Ihre Sekretärin damit.

Das war der letzte der Denkanstöße, die ich Ihnen auf Ihren Weg zu mehr Erfolg mitgebe. Ich wünsche Ihnen gutes Gelingen beim Umsetzen der Erfolgsregeln dieses Buchs!

Vielleicht schreiben Sie mir einmal von Ihren Erfolgen, es muss ja nicht unbedingt ein langer Brief sein. Auch über eine Postkarte, ein Fax oder ein E-Mail würde ich mich freuen. Meine direkte E-Mail-Adresse ist übrigens rusch@alexrusch.com.

Ihr Alex S. Rusch

P. S. Vielleicht besuchen Sie auch einmal die Noch-erfolgreicher-Website unter: www.noch-erfolgreicher.com.

Meine Anschrift:
Alex S. Rusch
Rusch Verlag
Grossmattstrasse 24
CH-8964 Rudolfstetten b. Zürich
Schweiz
Tel. 0041-(0)56-648 80 00
Fax 0041-(0)56-648 80 01
www.rusch.ch

Diese Dinge möchte ich umsetzen   **erledigt**

_____   ❑

_____   ❑

_____   ❑

_____   ❑

_____   ❑

_____   ❑

_____   ❑

_____   ❑

_____   ❑

_____   ❑

_____   ❑

_____   ❑

_____   ❑

Diese Dinge möchte ich umsetzen **erledigt**

_____ ❏

_____ ❏

_____ ❏

_____ ❏

_____ ❏

_____ ❏

_____ ❏

_____ ❏

_____ ❏

_____ ❏

_____ ❏

_____ ❏

_____ ❏

Quellennachweis und Literaturempfehlungen

Hörbuch „Besser miteinander reden" von Dale Carnegie
Hörbuch „Kopmeyers Erfolgsstrategien" von M. R. Kopmeyer
Hörbuch „Alles ist möglich" von Jürgen Höller
Hörbuch „Bei Anruf Erfolg" von Umberto Saxer
Hörbuch „Alles kein Problem" von Richard Carlson
Hörbuch „Fit für's Leben – Fit for Life" von Harvey und
   Marilyn Diamond
Hörbuch „Freude durch Stress" von Vera F. Birkenbihl
Hörbuch „Sicher zum Spitzenerfolg" von Jürgen Höller
Hörbuch „Die Macht der Motivation" von Nikolaus B.
   Enkelmann
Hörbuch „Das einzige was stört ist der Kunde" von Edgar K.
   Geffroy
Hörbuch „Mehr Zeit für das Wesentliche" von Lothar J.
   Seiwert
Hörbuch „Der wunde Punkt" von Wayne Dyer
Hörbuch „Motivaction & Motivaction 2" von Klaus Kobjoll
Hörbuch „Mehr Power!" von Dr. Ulrich Strunz
Hörbuch „Sprenge Deine Grenzen" von Jürgen Höller
Hörbuch „Chicken Soup for the Soul" von Jack Canfield und
   Mark Victor Hansen
Hörbuch „Die grossen 13 Erfolgsgesetze" von Napoleon Hill
   und 13 Bestseller-Autoren
Hörbuch „Die 17 Mosaiksteine des Erfolges" von Napoleon
   Hill und 17 Bestseller-Autoren

Hörbuch „Was zählt, ist der Gewinn" von Bob Fifer

Hörbuch "Living your Dreams" von Mark Victor Hansen (englisch)

Hörbuch "How to think bigger" von Mark Victor Hansen (englisch)

Hörbuch "The Aladdin-Factor" von Jack Canfield und Mark Victor Hansen (englisch)

Hörbuch "How to build high self-esteem" von Jack Canfield (englisch)

Hörbuch "The Magic Story" von der Napoleon Hill Foundation (englisch)

Hörbuch "The Success System that never fails" von W. Clement Stone (englisch)

Hörbuch "The E-Myth Revisited" von Michael Gerber (englisch)

Hörbuch "Your Secret Wealth" von Jay Abraham

Zeitschrift "Success" (aus Amerika)

Zeitschrift "Entrepreneur" (aus Amerika)

Zeitschrift "Inc." (aus Amerika)

Zeitschrift „Noch erfolgreicher!" (Deutschland/Schweiz/Österreich)

Buch „Flow – das Geheimnis des Glücks" von Mihaly Csikszentmihalyi

Buch "Small Business: An Entrepreneur's Plan" von J. D. Ryan, Lee A. Ckert und Robert J. Ray (englisch)

Stichwortverzeichnis

Verschenken Sie weitere Exemplare dieses Buches!

Es gibt einen einfachen, effizienten Weg, wie Sie Ihre Familie, Mitarbeiter und gute Freunde zu «noch» mehr Erfolg verhelfen können. Schenken Sie ihnen allen ein Exemplar dieses wertvollen Buches.

Die zugrundeliegende Kassettenversion dieses Buches wurde öfters zu Hunderten verschenkt von Firmen – und auch von Privatpersonen. Jetzt können Sie dies ebenfalls mit der Buch-Ausgabe tun!

Hier nochmals die Hauptvorteile dieses Buches:
- Es enthält umfangreiches Erfolgswissen über sämtliche Bereiche des Erfolges
- Es ist dank der kleinen Portionen bequem lesbar, auch zwischendurch
- Es ist sehr verständlich geschrieben, sodass man es auch ohne grosse Anstrengungen lesen kann
- Menschen, die dieses Buch geschenkt bekommen, sind schon «erfolgreich» und können damit «noch erfolgreicher!» werden.

Handeln Sie jetzt, indem Sie den unterstehenden Bestellcoupon ausfüllen und sofort einsenden! Am besten bestellen Sie gleich 20 oder vielleicht sogar 50 Stück.

Ja, bitte senden Sie mir ..... Exemplare des Buches «Noch erfolgreicher!» von Alex S. Rusch

Name _____ Vorname _____

Firma _____ Strasse/Nr. _____

PLZ/Ort _____ Telefon _____

Telefax _____ E-Mail _____

Senden Sie den Coupon an Ihren Händler oder direkt an den Ueberreuter Verlag, Lurgiallee 6 – 8, D-60439 Frankfurt. Fax xx49-(0)58 09 05-10, info@ueberreuter.de bzw. info@ueberreuter.at.

Folgende Bücher des Ueberreuter-Verlag sind ebenfalls als Hörbücher erschienen:

«Der Verhandlungskünstler»
von Robert Mayer, bestehend aus 4 Audio-Kassetten
(ISBN 3-905357-05-4)

✳

«Millionäre»
von Axel Gloger, bestehend aus 6 Audio-Kassetten
(ISBN 3-905357-04-6)

✳

«Planen, Gründen, Wachsen»
von «Thomas Kubr, Daniel Illar, Heinz Marchesi
bestehend aus 2 Audio-Kassetten
(ISBN 3-905357-13-5)

✳

«Aktien, Fonds, Futures»
von Michael Jungblut, bestehend aus 4 Audio-Kassetten
(ISBN 3-905357-14-3)

Vergrössern Sie Ihr Erfolgswissen mit weiteren Hörbüchern. Das Verzeichnis der erschienenen Titel erhalten Sie bei Ihrem Händler oder direkt beim RUSCH VERLAG:

Postfach, CH-8964 Rudolfstetten/Zürich, Tel. 056/648 80 00, Fax 056/648 80 01
Postfach 5067, D-78429 Konstanz, Tel. 0180/522 18 18, Fax 0180/522 91 91
Postfach, A-6960 Wolfurt, Tel. 05574/53067, Fax 05574/53077
E-Mail: info@rusch.ch, Internet: www.rusch.ch

Weitere Möglichkeiten, Erfolgswissen zu vertiefen

→ **«Noch erfolgreicher!»-Seminar**
Erleben Sie Alex S. Rusch live an einem «Noch erfolgreicher!»-Seminar. Weitere Informationen erhalten Sie bei: Noch erfolgreicher! AG, Steinackerstrasse 23, 8302 Kloten/Schweiz, Tel. ++41-(0)1-813 17 92 Fax ++41-(0)1-813 73 62, E-Mail: info@noch-erfolgreicher.com, Internet: www.noch-erfolgreicher.com

→ **Zeitschrift «Noch erfolgreicher!»**
Abonnieren Sie die Zeitschrift «Noch erfolgreicher!», bei welcher Alex S. Rusch übrigens Mitherausgeber ist. Weitere Informationen erhalten Sie bei: Noch erfolgreicher! AG, Steinackerstrasse 23, 8302 Kloten/Schweiz, Tel. ++41-(0)1-813 17 92, Fax ++41-(0)1-813 73 62, E-Mail: info@noch-erfolgreicher.com, Internet: www.noch-erfolgreicher.com

→ **Die «Noch erfolgreicher!» Website**
Unter www.noch-erfolgreicher.com finden Sie das Online-Magazine, das Gegenstück zur Zeitschrift. Machen Sie gleich einmal einen Besuch.

→ **Die private Website von Alex S. Rusch**
Unter www.alexrusch.com finden Sie die private Website von Alex S. Rusch mit weiteren Erfolgstipps und Infos zu anderen Produkten von ihm.

→ **Abonnieren Sie den RUSCH-Internet-Brief**
Dieser zur Zeit noch kostenlose Internet-Brief gibt Ihnen auf kurze, prägnante Weise Erfolgstipps von Bestseller-Autoren und Erfolgsmenschen. Zudem informiert er über Neuerscheinungen des RUSCH VERLAGES. Weitere Informationen zum RUSCH-Internet-Brief erhalten Sie unter www.rusch.ch, www.rusch.de und www.rusch.at.

Vergrössern Sie Ihr Erfolgswissen mit weiteren Hörbüchern. Das Verzeichnis der erschienenen Titel erhalten Sie bei Ihrem Händler oder direkt beim RUSCH VERLAG:

Postfach, CH-8964 Rudolfstetten/Zürich, Tel. 056/648 80 00, Fax 056/648 80 01
Postfach 5067, D-78429 Konstanz, Tel. 0180/522 18 18, Fax 0180/522 91 91
Postfach, A-6960 Wolfurt, Tel. 05574/53067, Fax 05574/53077
E-Mail: info@rusch.ch, Internet: www.rusch.ch

Das Buch
«Noch erfolgreicher!»
gibt es auch als
englisches Hörbuch

Sie haben nun auch Gelegenheit, sich dieses Buch auf englisch «anzuhören». In Amerika wurde der Titel auf **«The Swiss Way to Success»** festgelegt. Der Inhalt ist jedoch 100%ig identisch mit diesem Buch.

Es wurde in Los Angeles aufwendig produziert mit mehreren Schauspielern. Hauptsprecher ist der Hollywood-Star William McNamara.

Das Hörbuch besteht aus vier Audio-Kassetten und hat eine Spielzeit von 303 Min.

Es eignet sich übrigens auch optimal, Ihr Englisch aufzufrischen oder es zu vertiefen.
Da Sie ja das Buch bereits besitzen, kennen Sie den Inhalt schon und können somit dieses englische Hörbuch leichter verstehen.

Wenn Sie englischsprachige Geschäftspartner oder Freunde haben, so haben Sie mit diesem Hörbuch auch ein ausgezeichnetes Geschenk.

Erhältlich ist das Hörbuch **«The Swiss Way to Success»** im Buchhandel oder direkt beim Aufsteiger-Verlag. (ISBN 3-905357-10-0)